학습 내용을 한눈에 보여주는 시각화 스킬

가르치지 말고 보여주자

학습 내용을 한눈에 보여주는 시각화 스킬

가르치지 말고 보여주자

초판 1쇄 발행 2020년 2월 10일
초판 3쇄 발행 2021년 5월 10일

지은이 김윤미 · 김진경
펴낸이 최익성
펴낸곳 플랜비디자인

기획 최익성
편집 송준기
마케팅 임동건, 임주성, 김선영, 강송희
마케팅 지원 홍국주, 황예지, 신원기
경영지원 신현아, 이순미, 임정혁
디자인 ALL designgroup

주소 경기도 화성시 동탄반석로 277
전화 031-8050-0508
전자우편 planbdesigncompany@gmail.com
출판등록 제2016-000001호

ISBN 979-11-89580-24-7 03320

※ 이 도서의 국립중앙도서관 출판예정도서목록(CIP)은 서지정보유통지원시스템 홈페이지(http://seoji.nl.go.kr)와
   국가자료종합목록 구축시스템(http://kolis-net.nl.go.kr)에서 이용하실 수 있습니다. (CIP제어번호 : CIP2020002932)

VISUAL AIDS

학습내용을 한눈에 보여주는 시각화 스킬

가르치지 말고 보여주자

김윤미·김진경 지음

PlanB DESIGN 플랜비디자인

CONTENTS

프롤로그

교수자는 한 분야의 지식 전문가로서 학습자가 지식을 구축할 수 있도록 다양한 방식으로 가르치는 활동을 합니다. 학습자가 선호하는 교수자의 모습은 자신의 전문분야를 잘 아는 교수자일까요? 아니면 전달력이 풍부하여 알기 쉽게 설명하는 교수자일까요? 학습자 입장에서 보면 교수자가 본인의 전문분야에서 강점이 있다는 것은 신뢰할 수 있다는 측면에서 필요하지만 충분하지는 않습니다. 학습자에게 필요한 교수자는 전문적인 내용을 알기 쉽게 표현할 수 있는 능력을 갖춘 사람입니다. 여러 스포츠 현장에서도 선수 시절 성적이 뛰어나지 않은데도 불구하고 감독이나 코치로서 훌륭한 역량을 펼치는 사람을 쉽게 찾을 수 있습니다. 대개 그런 분들은 자신이 알고 있는 내용을 선수들이 받아들이고 실천할 수 있게 만드는 것에 훌륭한 재능을 가진 경우가 많습니다. 교수자로서 그 분야의 전문가인 것은 당연합니다. 이제 우리는 교수자의 가르치는 행위가 학습자에게 더 나은 결과로 가져오기 위해서 어떻게 표현해야 하는지 생각해보고 실천해 나가야 합니다.

학습자들이 [알기 쉽다] [이해하기 쉽다] [적용하기가 쉽다]와 같이 학습내용을 정확하게 이해하고 오랫동안 기억하게 하기 위해서 교수자는 여러 준비를 해야 합니다. 중, 고등학교 학생들처럼 학습내용이나 문제 패턴을 암기하도록 하는 것은 성인 학습자에게 적용하기 어렵습니다. 성인교육은 대개 학습내용이 지식 그 자체를 담고 있는 경우가 적습니다. 학습자가 학습내용으로부터 느끼고 이해한 것을 재해석하여 자신만의 결론을 내릴 수 있도록 방향성을 제시하는 경우가 더 많습니다. 직접적으로 지식이나 정보를 학습자에게 전달하는 경우도 성인이 되어버린 학습자의 특성상 일방적으로 가르치는 것만으로는 최고의 학습 결과물을 창출할 수 없습니다. 학습자들이 학습내용을 읽고 쓰면서 이해하고 암기하는 것이 아니라 학습내용을 보고 직관적으로 느낄 수 있도록 해야 합니다.

그렇게 하기 위해서는 교안과 교재의 학습내용을 보기 좋게 정리해야 하며 교수자의 목소리뿐만 아니라 몸의 전부를 활용해서 학습내용을 보여줄 수 있어야 합니다. [가르치지 말고 보여주자] 에서는 교수자가 학습자에게 보여주는 핵심 3가지! 강의교안 시각화, 실전 강의에서 강사의 비언어 시각화, 추상적인 개념을 눈으로 보이게 만드는 에듀툴킷 시각화에 대해 말하고자 합니다.

우리의 강의교안은 강의 내용을 이해하는 데 도움이 되도록 제대로 시각화되어 있을까요?

교수자 중 강의교안을 만들면서 예쁘게 꾸미는 것에 집중하는 분들이 있습니다. 자기만족을 위해서 꾸미다 보면 많은 시간을 소요하게 되고 결국 강의교안 꾸미기 외에 별다른 강의 준비를 하지 못하게 됩니다. 더 심각한 것은 강의 직전까지 교안을 고치고 또 수정하기도 한다는 것입니다. 반면에 어떤 교수자는 강의교안의 형식은 그리 중요하지 않으므로 교수자 중심의 즉, 만들기 편한 강의 교안에 그치는 경우가 있습니다. 과연 학습자가 그 강의교안으로 학습내용을 정확하게 이해를 할 수 있을까요? **학습자에 대한 배려가 없는 강의교안은 최대의 학습효과를 만들어 내기 어렵습니다. 너무 예쁘게 만드는 것 혹은 내용만 중요하다고 강조하는 것 보다 우리는 학습내용을 알기 쉽게 시각화하여 학습자 중심의 교안을 만들어야 합니다.**

그렇다면, 교수자로서 우리는 어떻게 강의교안을 만들어야 할까요?

강의교안은 화려한 무대를 위한 프레젠테이션과는 다르게 제작되어야 합니다. 단발성 프레젠테이션은 짧은 시간 동안 청중에게 주제에 대한 강렬하고 인상적인 메시지를 남기는 것이 중요합니다. 따라서, 프레젠테이션을 기획하고 전략을 수립할 때 청중의 뇌리에 남도록 메시지를 중심으로 슬라이드를 디자인합니다. 최상의 퀄리티를 만들어 내기 위해 슬라이드 하나하나에 많은 공을 들입니다. 하지만 강의교안은 무대용 프레젠테이션보다 긴 호흡을 가지고 있습니다. 1박 2일 이상의 긴 강의를 하게 되는 경우, 강의교안이 최소 3백에서 4백 장에 달합니다. 수백 장의 슬라이드를 단발성 프레젠테이션처럼 화려하게 디자인하기에는 시간이 부족하고, 굳이 그럴 필요도 없습니다. 시각화 된 강의교안은 이 책에서 알려드리는 몇 가지 원리만 실천한다면 힘을 빼고도 만족스러운 강의교안을 만드실 수 있습니다.

직관적으로 딱! 보이게 그리고 빠르게

우리는 프레젠테이션 그래픽 디자이너가 아닙니다.

교수자는 디자이너처럼 화려하고 멋진 강의교안을 만들 필요가 없습니다. **최소 시간, 최대 효과**를 기억하세요. 최소한의 시간을 투입하여 학습자들이 보다 학습내용을 잘 이해할 수 있도록 돕는 시각화된 강의교안을 만들면 충분합니다. 강의를 준비하는 우리의 시간과 에너지는 한정적입니다. 시간을 투입하면 할수록 100점짜리 [완벽한 강의교안]에 가까워질 수도 있겠지만 주어진 시간을 최소한으로 활용하여 80점짜리 [시각화된 강의교안]을 만드는 것을 목표로 해야 합니다. 다만, 40점, 50점의 수준 미달 강의교안은 학습자에게 비효율적이라는 점을 알아주세요. 강의교안이 강의 내용을 더 잘 이해할 수 있도록 돕는 것이 아니라 학습자가 집중하는 것에 방해가 될 수도 있습니다. 강의교안이 학습자의 학습 의욕을 떨어트릴 만큼 눈살을 찌푸리는 일은 정말 피해야 합니다.

여러분의 빛나는 콘텐츠가 더 돋보이게 만드는 강의교안이 되도록 다양한 팁들을 나누고자 합니다. 강의교안 작성에 아낀 시간은 어디에 써야 할까요? 강의 콘텐츠를 연구하고, 학습자의 학습 효과성을 향상시키는 데 여러분의 소중한 에너지를 집중하시길 바랍니다.

디자인 기교는 최소화하고

최소 노력 최대 효과

강의교안은 시각적으로 구성하고 만듭니다.

[시각적]이라는 것은 [본다]라는 눈의 물리적인 작용과 [이해한다]라는 마음의 작용이 협동한 결과를 말합니다. [시각적]인 결과물은 한번 봄으로써 이해되는 순간적인 대상이 아니라, 보는 작용과 이해하는 과정이 계속해서 작

용하는 일련의 체제적 프로세스입니다.

우리가 학습자들에게 전달하고 싶은 이론, 지식, 생각을 시각화하면 어떤 효과가 있을까요?

학습자가 학습내용에 대한 흥미와 관심을 가지게 함으로써 학습 이해도를 높이고, 몰입하게 하는 효과를 줄 수 있습니다. 학습내용이 대단히 재미있고 흥미롭지 않더라도 매력적인 이미지와 구조화로 학습자가 흥미와 함께 집중을 할 수 있도록 만들 수 있습니다.

왜 학습내용을 시각화해야 할까요?

학습자는 글자로 가득 찬 것보다 적절한 이미지와 구조화된 교안을 쉽게 이해하고 받아들입니다.

학습자에게 전달하고자 하는 내용에 구조를 부여하면 학습자는 쉽게 이해할 수 있습니다. 교수자가 내용을 구조화하지 않고 의식의 흐름대로 말을 하게 되면 학습자는 학습내용이 무엇인지 헷갈려 합니다. 헝클어진 정보를 깔끔하게 풀어내고 정리한 후 학습자에게 전달해야 합니다. 그렇게 하더라도 학습자에게 교수자가 의도하는 모든 것을 전달하기 어렵습니다. 글자로만 이루어진 강의교안을 본 학습자는 내용을 이해하기 위해 글자 하나하나를 읽어야 합니다. 단어와 문장을 읽으면서 이해하려면 아무래도 인지 시간이 오래 걸릴 수밖에 없습니다. 하지만 구조화되어 있거나 적절한 이미지로 정리된 강의교안을 보여주게 되면 학습자는 직관적으로 학습내용을 쉽고 빠르게 받아들일 수 있습니다. 알베르토 카이로Alberto Cairo가 말한 데이터의 시각화 주요 원칙을 보면 시각화의 중요성에 주목하고 있습니다. 이를 교수자의 강의교안 시각화에 적용해 보면 세 가지로 정리할 수 있습니다.

첫째, 기능성

시각화를 통해 학습자의 질문에 응답할 수 있도록 이미지, 도식화, 사례, 실습 등의 다양한 형태로 적용해야 합니다.

둘째, 심미성

강의교안은 학습자의 눈길을 끌어 집중하도록 해야 합니다. 시각적으로 흥미를 끌지 못한다면 학습자들은 주의 깊게 살펴보지 않으며 의미를 발견하려고 시도조차 하지 않을 것입니다.

셋째, 통찰력

시각화된 강의교안은 통찰력이 있어야 합니다. 통찰력은 놀랍거나, 예상치 못했거나, 흥미를 끄는 요소를 필요로 합니다. 놀랍거나 흥미로운 사실이 보이도록 교안을 가다듬고 맥락을 만들어야 합니다. 학습자가 의미 있는 정보를 발견한다면 성공적인 강의교안이 될 수 있습니다.

 그렇다면, 무엇을 활용해서 강의교안을 시각화할 수 있을까요?

 타이포그래피(글꼴), 색상, 그림, 사진, 다이어그램, 캐릭터, 기호, 그래프, 최근에는 3D까지 시각적으로 차별화되는 모든 것을 활용할 수 있습니다.

 이제 학습자들에게 가르치지 말고 보여줄 수 있는 방법들을 구체적으로 살펴보시죠.

강의교안 시각화의 6가지 요소

(레이아웃) (타이포 그래피 [글꼴]) (색상) (이미지) (픽토그램) (도식화)

---

1. 레이아웃 layout

강의교안 디자인은 감각적인 배치보다 안정감 있고, 편안한 레이아웃으로 합니다. 어떻게 배치할지 감이 잡히지 않을 때는 안정감이 느껴질 때까지 콘텐츠의 위치를 변경해봅니다.

---

2. 타이포그래피(글꼴)
typography

글꼴은 학습내용을 직접적으로 전달하는 요소이며, 강의교안 시각화에서 가장 많은 부분을 차지합니다. 학습내용에 적절한 글꼴을 잘 선택해야 하며, 가급적 장식성이 덜한 글꼴을 추천합니다.

---

3. 색상 color

색상을 적절히 사용하면 학습내용을 구분하고 위계, 중요도를 효과적으로 보여줍니다.

---

4. 이미지 image

이미지는 실재를 보여주는 가장 효과적이고 강력한 시각 요소입니다. 학습내용을 텍스트로만 설명하지 않고, 이미지를 함께 보여주면 더 구체적이어서 학습자의 빠른 이해를 도울 수 있습니다. 재치 있는 이미지는 학습자의 흥미를 유발하고 설득력을 높여줍니다.

---

5. 픽토그램 pictogram

픽토그램은 [그림문자]로 정보나 개념을 비교적 단순한 형태로 표현하여 누구나 쉽게 의미를 파악할 수 있는 이미지를 말합니다.

---

6. 도식화 figure

사각형, 원형, 삼각형, 선, 화살표의 기본 도형을 바탕으로 크기, 길이, 두께, 색상 등의 변화를 주어 변화와 흐름, 프로세스, 증가와 감소, 등을 한눈에 보이도록 표현할 수 있습니다.

게슈탈트 심리학에서는 우리가 정보를 수용할 때,
정보의 복잡함과 애매함을 단순하게 정리하여 받아들이는 특성을 말합니다.
이는 누구나 시각적으로 무언가를 수용하면 보편적으로 적용되는 기본적인 특성입니다.
게슈탈트의 이론에서 보면, 형태의 지각뿐만 아니라 학습자의 사고와 기억 과정에도
영향을 준다는 것을 알 수 있습니다.

▶ CHAPTER 01 ◀

보여주는 것,
시각화

레이아웃

TIP 01 여백과 간격

1. 학생 중심의 과정이다

학습자와 학습 성과가 모든 학습 활동의 중심

승격된 교수 설계에 대한 가르치고 배우는 개념
교훈적, 제한적, 수동적 교수 모드를 방해하는
디자인에서 벗어나

적극적이고 다가능으며 고무적이고
의도적인 학습 방법을 용이하게하는 설계

- 가르침은 지식 건설 및 기술 개발을 촉진하는 방법
- 학습자는 어떤 상황에서는 학습 목표를 확인하거나 수정할 기회
  가 주어질 수도 있다.
- 교육에서 학습에 이르기까지 관점의 변화는
  효과적인 교육 환경을 계획 할 때 엄청난 힘의 패러다임 변화를 나
  타낸다.

2. 목표 지향적인 과정이다

- 잘 정의 된 프로젝트 목표를 수립하는 것은 교육 설계 프로세스의 핵심
- 목표는 교육 설계 프로젝트에 대한 고객의 기대를 반영하고
  충족되면 적절한 구현을 보장 해야한다.
- 프로젝트 관리자는 클라이언트 기대를 확인하고 관리하는 것이 중요하고,팀
  구성원은 프로젝트의 예상 결과에 대한 공통의 비전을 공유해야한다.
- 교육자 및 교수 설계자는 모든 종류의 교육 설계를 시작하기 전에 커리큘럼
  또는 과정 목표를 먼저 식별한다.

**목표가 없으면
교수설계가 될 수 없다.**

슬라이드 한 장에 너무 많은 내용을 담으면 학습자는 답답함을 느낄 수 있습니다. 전달할 내용이 많아서 텍스트가 빼곡하게 느껴질 때는 중복된 내용은 없는지, 말로 설명해도 충분한데 굳이 포함시킨 부수적인 내용은 없는지 살펴보고 불필요한 내용을 과감하게 버립니다. 그래도 빼곡하다면, 한 슬라이드 안에 담긴 내용을 전달 내용의 맥락을 고려하여 2개의 슬라이드로 나누어 봅니다. 슬라이드를 나누기만 해도 숨통이 확 트일 수 있습니다.

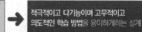

01 학생 중심의 과정이다

학습자와 **학습 성과**가 모든 학습 활동의 중심

승격된 교수 설계에 대한 가르치고 배우는 개념
교훈적, 제한적, 수동적 교수 모드를
방해하는 디자인에서 벗어나

➡

적극적이고 다기능이며 고무적이고
의도적인 학습 방법을 용이하게하는 설계

- 가르침은 **지식 건설 및 기술 개발**을 촉진하는 **방법**
- 학습자는 어떤 상황에서는 학습 목표를 확인하거나 수정할 기회가 주어질 수도 있다.
- 교육에서 학습에 이르기까지 **관점의 변화**는
  효과적인 교육 환경을 계획 할 때 엄청난 힘의 **패러다임 변화**를 나타낸다.

02 목표 지향적인 과정이다

- 잘 정의 된 프로젝트 **목표를 수립하는 것은 교육 설계 프로세스의 핵심**
- 목표는 교육 설계 프로젝트에 대한 **고객의 기대를 반영**하고
  충족되면 적절한 구현을 보장 해야한다.
- 프로젝트 관리자는 클라이언트 기대를 확인하고 관리하는 것이 중요하고
  팀 구성원은 프로젝트의 예상 결과에 대한 공통의 비전을 공유해야한다.
- 교육자 및 교수 설계자는 모든 종류의 교육 설계를 시작하기 전에
  커리큘럼 또는 **과정 목표를 먼저 식별**한다.

❝ 목표가 없으면 교수 설계가 될 수 없다. ❞

강의교안을 슬라이드 2장으로 나누어 담았습니다. 좌우에 약간의 여백을 주어 숨 쉴 공간도 마련했습니다. 슬라이드를 나누기만 해도 훨씬 보기 편안하죠? 슬라이드를 아끼지 마세요.

픽토그램 검색어	Human / Target	글꼴	KoPub돋움체, 조선일보명조

TIP 02 인물 이미지와 텍스트 배치

BEFORE

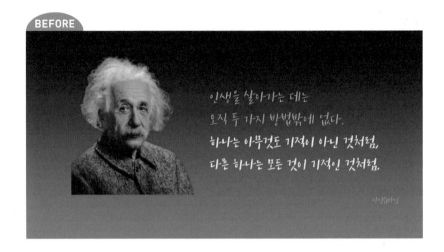

인생을 살아가는 데는
오직 두 가지 방법밖에 없다.
하나는 아무것도 기적이 아닌 것처럼,
다른 하나는 모든 것이 기적인 것처럼.

아인슈타인 이미지의 왼쪽과 아랫부분이 잘린 형태인데, 이를 가운데 배치
하면 잘려진 왼쪽 팔 부분과 가슴 아랫부분 때문에 불안정한 느낌을 줍니다.

AFTER

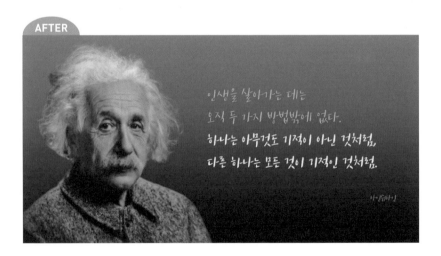

인생을 살아가는 데는
오직 두 가지 방법밖에 없다.
하나는 아무것도 기적이 아닌 것처럼,
다른 하나는 모든 것이 기적인 것처럼.

이미지를 슬라이드 가장 하단 왼쪽과 아랫부분에 딱 붙여주면 훨씬 안정적으로 보여줄 수 있습니다. 이미지 크기도 더 크게 배치하여 시원시원하게 볼 수 있도록 만듭니다.

이미지 검색어	아인슈타인	글꼴	tvn즐거운이야기

TIP 03 게슈탈트 심리학

게슈탈트 형태인지 심리학은 우리가 시각 정보를 처리하는 원리를 연구한 형태 심리학으로 시각화 과정을 밝힌 대표적인 이론입니다. 게슈탈트는 독일어 [Gestalt]에서 비롯되었으며 형, 형태를 뜻하는데, 단순한 형태가 아니어서 [Shape]이라 하지 않고, 개체를 배치하는 방식을 의미하는 [Gestalt]라고 합니다. 게슈탈트 심리학에서는 우리가 정보를 수용할 때, 정보의 복잡함과 애매함을 단순하게 정리하여 받아들이는 특성을 말합니다. 이는 누구나 시각적으로 무언가를 수용하면 보편적으로 적용되는 기본적인 특성입니다. 형태의 지각뿐만 아니라 학습자의 사고와 기억 과정에도 영향을 준다는 것을 알 수 있습니다.

게슈탈트 이론에 따르면 학습자는 정보에 노출되면 그것을 부분마다 개별적으로 기억하지 않고 완결, 근접, 유사의 원리에 따라 하나의 의미 있는 형태 혹은 전체로 만들어서 지각하는 경향이 있습니다. 현대에 게슈탈드 심리학이 정보의 시각화라는 측면에서 가장 많이 활용되는 것은 집단화의 법칙, 단순화의 법칙, 형상과 배경의 법칙인데요. 하나씩 살펴보겠습니다.

● **유사성의 법칙** law of similarity

색상, 모양, 크기가 유사한 개체를 하나로 묶어 패턴으로 보는 특성을 말합니다. 유사성과 근접성이 함께 적용되면 더욱 정확하게 구분이 됩니다.

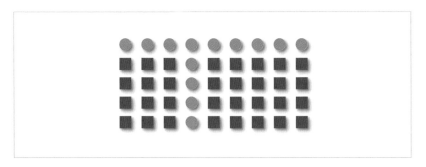

이렇게 4개씩 그룹으로 묶어주면, 전체 8개로 보지 않고, 4개씩의 2개의 큰 집단으로 인식하게 됩니다.

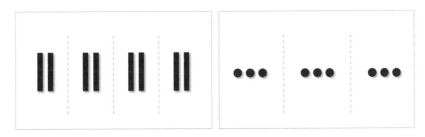

　서로 가까이 붙어 있거나 비슷한 개체는 하나의 집단으로 묶어 인지합니다. 개체들이 서로 가까이 있으면 이들을 하나의 덩어리로 지각하고 관계가 있다고 생각하는 것입니다. 교수자는 콘텐츠를 배치할 때 관련 있는 것은 가까이 위치시키고, 그렇지 않으면 여백을 주어 간격을 두고 배치합니다. 그렇게 해야 학습자는 교수자가 의도하는 정보를 정확하게 인지할 수 있습니다.

● **연속성의 법칙** law of continuation

　좋은 연속의 법칙Good continuation이라고도 하는데, 어느 한 부분이 가려져 있어도 연속된 것으로 사람들은 추정해서 봅니다. 어떤 선(곡선)을 따라 연결된 요소는 그렇지 않은 것 보다 더 연관되어 보이게 합니다.

● **완결성의 법칙** law of closure

우리는 구조에 완전성을 찾으려는 경향이 있습니다. 그래서 누구나 불완전한 테두리 선을 가진 도형을 보면 완전한 도형으로 스스로 완성시킵니다. 불완전할 때 우리는 긴장, 불안을 느끼기 때문에 불완전한 개체를 나름대로 수정하고 보완하여 완전하게 만듭니다.

학습자는 불완전보다 완전, 불안정보다 안정성을 추구합니다. 강의교안에 도형을 활용할 때도 타원이나 비대칭 도형보다는 정원형과 같은 도형에 더 안정성을 느낀다는 것을 꼭 기억하세요.

● **공통성의 법칙** law of common fate

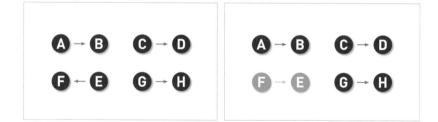

공통성은 배열의 규칙이 비슷한 것끼리 그룹으로 묶어서 인지하는 현상입니다. F →E의 경우 학습자가 나머지 3개의 패턴과 같이 반대로 잘못 처

리할 가능성이 매우 높습니다. 제대로 인지하더라도 스스로 정확한지 여부를 확인하는 작업을 여러 번 할 수 있기 때문에 학습자의 인지 비용이 더 소요될 수도 있습니다. 그러므로 F와 E의 방향을 바꿔서 나머지 3개의 그룹과 같은 패턴으로 맞춰 주시는 것이 좋습니다.

● 단순화의 법칙 law of pragnanz

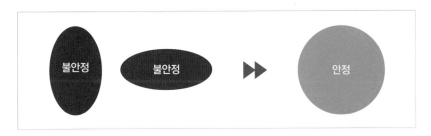

프레그넌츠 pragnanz 는 독일어로 [충분하다]는 뜻입니다. 프레그넌츠가 있는 도형을 보면 시각적으로 안정감을 느낄 수 있습니다. 이러한 도형은 정원형, 정사각형, 정삼각형, 정육각형 등과 같이 규칙적이고 안정적인 모양을 가지고 있습니다.

● 형상 Figure 과 배경 Ground 의 법칙

개체의 색과 모양이 뚜렷하게 보이는 부분은 그림으로 보고, 그 외는 배경 즉 바탕으로 인지한다는 것입니다. 그림과 배경의 구분이 명확할수록 학습자의 지각을 쉽게 도와줍니다.

● 강의교안 슬라이드에 내용을 배치할 때, 게슈탈트 이론을 이해하고 적용해 봅니다.

정렬

텍스트 정렬 방식은 가시성에 영향을 주는 요소로, 각 정렬 방식의 장단점을 알고 있으면 도움이 됩니다. 다양한 텍스트 정렬 방식 중 강의교안에 가장 많이 활용되는 왼쪽 정렬과 가운데 정렬을 살펴보겠습니다.

왼쪽 정렬

왼쪽 끝을 맞추는 정렬은 왼쪽으로는 일직선으로 정렬시키고, 오른쪽은 자연스럽게 두는 것입니다. 가장 기본적인 정렬 형태로 보편적으로 사용합니다.

가운데 정렬

가운데를 기준으로 양쪽이 대칭되는 정렬 방식입니다. 적은 양의 텍스트를 표현할 때 눈에 잘 띄게 합니다. 문장이 2~5줄 정도일 때, 가운데 정렬을 하면 딱 적당하고 보기 좋습니다. 문장이 7~8줄 넘어간다면 가운데 정렬은 피해주세요. 가독성이 떨어질 수 있습니다.

문장 앞에 글머리 기호나 넘버링을 삽입했을 때 가운데 정렬은 추천하지 않습니다. 가운데 정렬을 잘못 사용하면 정돈되지 않은 상태로 보일 수 있기 때문에 주의해야 합니다. 텍스트 양, 기호 삽입 여부 등을 파악하여 적절하게 정렬합니다.

이미지 검색어	어린이	**글꼴**	에스코어드림

TIP 05 **쉽고 안정적인 배치**

　이미지와 텍스트를 슬라이드 내에 삽입할 때, 어떻게 배치해야 할지 고민
되시죠? 만약 이미지가 1장이라면 이미지를 왼쪽에 배치하고, 텍스트를 오른
쪽에 배치하는 단순한 레이아웃도 괜찮습니다. 그러나 이미지가 여러 장이고
크기까지 모두 다르면 배치가 쉽지 않습니다.

　각기 크기가 다른 이미지가 산만하게 배치되어 있습니다.

　가장 쉽고, 안정적인 방법을 알려드립니다. 각기 다른 크기의 이미지를 같은 도형(정원형, 사각형 추천)으로 자르고 일정하게 배치하면 됩니다. 기억해볼까요? 사진 여러 장을 한 슬라이드에 배치할 때는 같은 도형으로 자르고 정렬합니다.

　그렇다면, 이미지를 어떻게 같은 모양의 도형을 잘랐을까요? 유용하고 중요한 기능이니, 꼭 알아 두면 크게 도움이 됩니다.

이미지 위에 정원형의 도형을 삽입합니다. 도형에 살짝 투명도를 줘서 도형 아래가 비치도록 합니다. 비치는 부분만큼 자르기 때문에 정확하게 원하는 부분을 자르기 위해서는 투명도를 주고 확인하는 것이 편리합니다.

❶번 정원형의 도형을 키보드의 Ctrl을 누른 상태에서 마우스 드래그하

여 3개 더 복제합니다. 복제한 도형을 다른 이미지 위에도 올려서 4개의
정원형을 만듭니다.

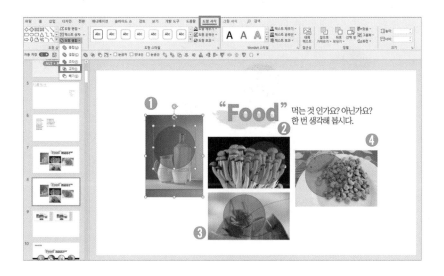

자, 이제부터가 중요합니다. 도형 병합 기능을 이용해서 이미지를 도형
모양으로 자를 거예요. 먼저, ❶ 우유 이미지를 정원형으로 잘라보겠습니
다. 우유 이미지를 먼저 선택하고, Ctrl 키를 누른 상태에서 그 위에 있는
정원형을 선택합니다. (반드시 이미지를 먼저 선택!) 상단의 메뉴에서 [도형
서식] ➡ [도형 병합]에서 [교차]를 선택합니다. 정원형으로 잘렸나요? 이
제 남은 3개의 도형도 같은 방법으로 잘라줍니다. (방금했던 작업을 반복해
주는 단축키 F4를 누르면 더 빨리할 수 있습니다. 버섯 이미지를 먼저 선택하고 정
원형 선택 후 키보드의 F4를 눌러보세요.)

이 작업을 반복하여 이미지 4장을 모두 정원형으로 잘랐습니다. 정원형 4개를 나란히 정렬하는데, 파워포인트의 [정렬] 기능을 활용하면 쉽게 할 수 있습니다.

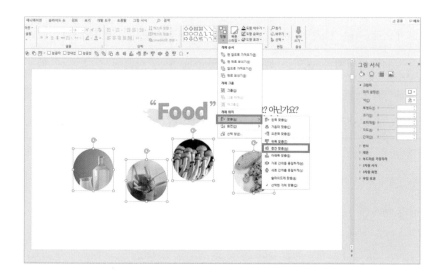

정원형의 이미지 4장을 선택하고 [정렬] ➡ [맞춤] ➡ [중간 맞춤]을 선택합니다. 그러면 이미지들의 가운데 기준으로 정렬이 됩니다. 다음에는 [정렬] ➡ [맞춤] ➡ [가로 간격 동일하게]를 선택합니다. 이미지들의 가로 간격도 일정하게 정렬되었죠?

정렬된 정원형 이미지를 모두 선택하고 [선] ➡ [실선]을 선택하고, 너비 7pt로 테두리도 설정합니다.

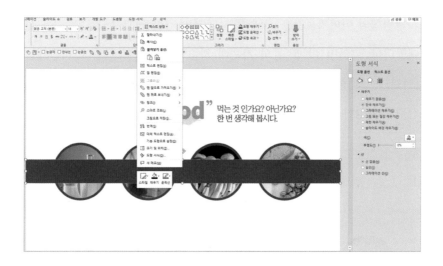

그 위에 직사각형을 삽입합니다. 그 직사각형을 [선택] ➡ [마우스 오른쪽 클릭] ➡ [맨 뒤로 보내기]를 선택합니다. 일정한 크기의 이미지의 정렬이 완성되었습니다.

TIP 06 학습내용 그룹핑

　사람은 누구나 복잡한 내용을 범주화하려는 욕구를 가지고 있습니다. 범주화는 정신적 노력을 줄여 학습자의 정보흐름을 효과적으로 만들어 줍니다. 범주 구성은 최소한의 노력으로 최대한 많은 정보를 담아 인지를 잘할 수 있도록 합니다. 복잡한 내용도 범주화하면 개념을 쉽게 이해할 수 있고 상대방에게 쉽게 전달할 수 있는 것입니다. 교수자는 전달 능력이 무엇보다 중요한 만큼 복잡한 내용을 범주화하고 단순하게 보여주는 노력이 필요합니다.

BEFORE

화재보험의 종류와 보험의 목적물 가입대상

주택화재는 주택, 아파트 등 주거용 건물을 말합니다.
목적물은 건물과 가재도구 입니다.
일반화재는 점포, 사무실, 창고 등을 말합니다.
목적물은 건물, 시설, 기계장치, 비품, 상품입니다.
공장화재는 제조 및 가공 등 작업공정이 있는 물건을
생산하는 곳을 의미합니다.
목적물은 건물, 시설, 상품, 원자재 등입니다.

　문장으로 나열된 본문에서는 핵심을 찾기 어렵습니다. 나열된 텍스트에서 우선 핵심 키워드를 추려냅니다. 그리고 핵심 키워드와 어울리는 아이콘이나 픽토그램을 찾아봅니다.

화재보험의 종류와 보험의 목적물 가입대상

주택화재

주택, 아파트 등
주거용 건물

보험의 목적물
건물, 가재도구

일반화재

점포, 사무실, 창고 등
작업공정이 없는 물건

보험의 목적물
건물, 시설, 기계장치, 비품, 상품

공장화재

제조 및 가공 등
작업 공정이 있는 물건

보험의 목적물
건물, 시설, 상품, 원자재 등

본문 내용을 나열하는 것보다 3가지로 범주화하면 명쾌하게 정리됩니다. 핵심 키워드는 위로 올려주세요. 핵심 키워드를 먼저 보고 세부내용을 이해할 수 있도록 텍스트의 위치를 정리하고 불필요한 서술어도 삭제했습니다. 각각 그룹화된 개념의 간격을 일정하게 정렬하여 배치합니다.

| **픽토그램 검색어** | Home, Building, Factory | **글꼴** | 나눔스퀘어 |

시선의 흐름을 고려한 이미지와 텍스트 배치

BEFORE

당신은 어떤 상황, 어떤 일로
스트레스를 많이 느끼나요?

하루 중 언제 가장
많은 스트레스를 받나요?

스트레스를 받고 있다는 증세는
어떻게 표현되나요?

학습자의 좌뇌는 언어를 처리하고, 우뇌는 시각적 이미지를 처리하는데 익숙합니다. 우리의 뇌에서 처리할 때는 이와 반대로, 왼쪽 정보는 우뇌에서, 오른쪽 정보는 좌뇌에서 처리합니다. 따라서 왼쪽에 이미지, 오른쪽에 텍스트를 배치하는 디자인이 시선의 흐름에서도 보기 편안하고 뇌가 인식하기도 쉽습니다.

AFTER

스트레스 stress

▪ 당신은 **어떤 상황, 어떤 일로** 스트레스를 많이 느끼나요?
▪ 하루 중 언제 가장 많은 스트레스를 받나요?
▪ 스트레스를 받고 있다는 증세는 어떻게 표현되나요?

이미지와 텍스트를 배치할 때 쉬운 공식! 이미지는 왼쪽에, 텍스트는 오른쪽에 배치하기

이미지 검색어	Sad	글꼴	본명조

디자인 방법을 살펴볼까요?

이미지 크기를 크게 키워 왼쪽에 배치합니다. 이미지 위에 텍스트를 바로 올리면 배경에 묻혀 가독성이 매우 떨어집니다

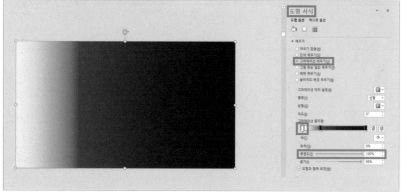

이때, 그라데이션을 준 사각형을 이미지 위에 올리고 텍스트를 삽입합니다. 그라데이션 중지점 3개 중에 흰색 중지점은 투명도를 100%로 설정하여 도형 아래의 이미지가 비치게 합니다.

자, 이미지와 텍스트가 조화롭게 어울리는 강의교안 디자인이 완성되었습니다.

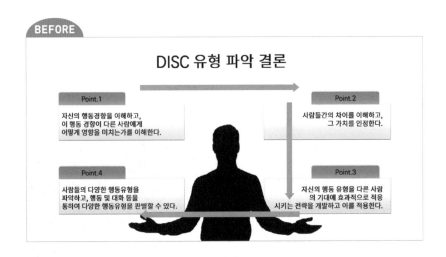

Point 1, 2, 3, 4가 [왼쪽 상단] ➡ [오른쪽 상단] ➡ [아래] ➡ [왼쪽 하단]으로 배치되어 있습니다. 화살표 방향처럼 시선의 흐름을 고려하지 않은 채 배치되어 있습니다. [왼쪽] ➡ [오른쪽] 또는 [위] ➡ [아래]로 시선의 흐름에 따른 배치를 해주는 것이 보기에 더 편안합니다.

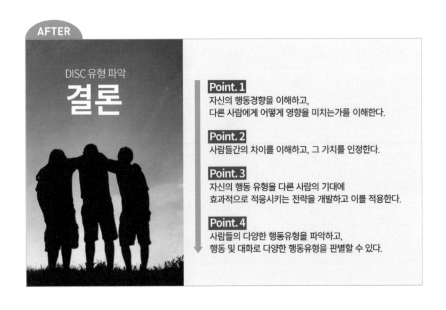

시선의 흐름을 고려하여, 위에서 아래로 레이아웃을 변경했습니다.

이미지 검색어	Together	글꼴	notosans

TIP 08 안내선 활용

[보기] ➡ [안내선]을 클릭하면 슬라이드에 십자가 모양으로 점선이 나타납니다. 정렬을 일정하게 하고, 여백을 둘 때 [안내선]을 표시하면 효율적으로 작업을 할 수 있습니다.

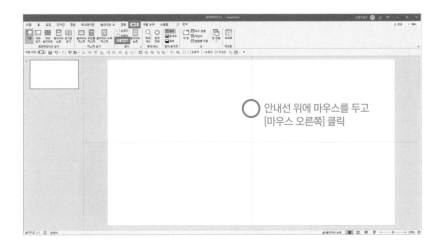

[안내선] 위에 마우스를 두고 [마우스 오른쪽]을 클릭하면 아래와 같은 실행 메뉴가 나타납니다. 여기에서 [안내선]의 추가, 색상 변경, 삭제를 자유롭게 할 수 있습니다. [안내선] 위에 마우스를 두고 키보드 Ctrl 키를 누

 른 채 왼쪽이나 오른쪽으로 마우스를 드래그해도 [안내선]을 추가할 수 있습니다.

슬라이드를 살펴볼까요? 왼쪽, 오른쪽, 가운데, 그리고 아래쪽에 여백을 일정하게 남기기 위해 [안내선]을 추가했습니다. 최소한의 [안내선]만 그린 상태이지만 필요에 따라 더 많은 안내선을 삽입해도 됩니다. 좌우, 위아래의 여백 부분, 도형의 시작 지점, 도형 사이 간격도 일정하게 배치합니다. 정렬이 잘 되어 있지 않으면 상대방으로 하여금 **어설픈** 느낌을 줄 수 있기 때문에 항상 신경 써서 정렬을 맞춰야 합니다. 교안을 만들 때 개체 (텍스트, 이미지, 도형)의 정렬은 기본 중에 기본입니다.

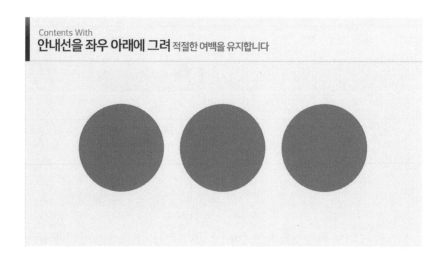

01 레이아웃

타이포그래피 (글꼴)

강의교안 디자인에 가장 중요한 요소는 단연 글꼴입니다. 글꼴을 잘 선택하는 것만으로도 전체 강의교안 디자인에 큰 변화를 가져올 수 있습니다. 디자인이 어렵고 자신감이 없을수록 글꼴의 중요성을 이해하고 적합한 글꼴을 선택하는 것이 중요합니다. 우리가 강의교안을 작성할 때 가장 많이 사용하는 〈맑은고딕〉은 전달 내용에 맞는 목소리를 내기 어렵습니다. 기본 글꼴 사용에서 벗어나 가독성과 가시성이 좋은 글꼴을 선택해 볼까요?

TIP 01 패밀리 글꼴 활용

인터넷에서 다양한 글꼴을 다운로드하면 글꼴마다 통일성이 있으면서도 약간의 다른 점이 있다는 것을 확인하실 수 있을 것입니다. 글꼴은 굵기에 따라서 Light(라이트), Medium(미디움), Regular(레귤러), Bold(볼드)로 나눕니다. 아래

코어 고딕 E 1 Thin	**KoPub돋움체 Bold**
코어 고딕 E 2 ExtraLight	KoPub돋움체 Light
코어 고딕 E 3 Light	KoPub돋움체 Medium
코어 고딕 E 4 Regular	**KoPub바탕체 Bold**
코어 고딕 E 5 Medium	KoPub바탕체 Light
코어 고딕 E 6 Bold	KoPub바탕체 Medium
코어 고딕 E 7 ExtraBold	
코어 고딕 E 8 Heavy	
코어 고딕 E 9 Black	

의 코어 고딕 패밀리 글꼴을 보면, 이보다 더 세분화하여 9종으로 나누어져 있기도 하죠. 이렇게 패밀리 글꼴을 적절히 사용하면 일관성을 지키면서 다양한 변화를 줄 수 있습니다. 즉, 동일한 글꼴을 다양한 굵기로 사용하면 리듬감을 줄 수 있어 디자인의 완성도를 높일 수 있습니다.

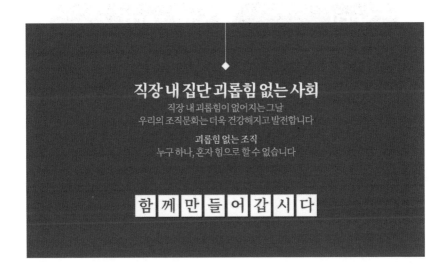

본명조 패밀리 글꼴을 사용해서 디자인을 완성했습니다. 본명조 Light, SemiBold, Heavy 이렇게 3가지 굵기를 활용했습니다. 굳이 여러 종류의 글꼴을 사용하지 않아도 패밀리 글꼴의 굵기 조절만으로 단조로운 느낌이 들지 않습니다.

글꼴을 구분하기 위한 체계가 명확하게 정해진 것은 아니지만, 이해를 돕기 위해 비슷한 느낌의 글꼴을 묶어서 정리해 보았습니다. 먼저, 고딕체와 명조체를 살펴보겠습니다.

고딕체 (산세리프)

고딕체는 논리적, 분석적, 이성적, 바른, 신뢰감을 느끼게 해줍니다. 일반적으로 강의교안에서 가장 많이 사용하는 글꼴입니다.

명조체 (세리프)

명조체는 감성적이면서 부드럽고 따뜻한 느낌을 줍니다. [대화체], 누군가의 [명언], [격언], 마음을 움직이는 [감동적인 메시지]를 전하고 싶을 때는 고딕체보다 명조체가 효과적입니다.

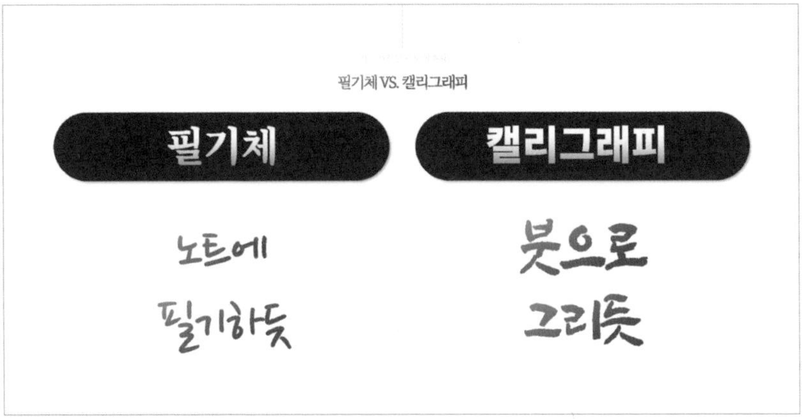

필기체 VS. 캘리그래피

필기체

캘리그래피

노트에
필기하듯

붓으로
그리듯

필기체 (손글씨 느낌)

감성적이고 자유로우면서 부드럽습니다. 감성적인 내용을 전달할 때 필기체를 사용하면 효과적입니다. 다만, 고딕체와 명조체에 비해 가독성이 떨어지므로, 필기체의 사용빈도가 지나치게 높지 않도록 주의해야 합니다. 필기체를 사용할 때는 글꼴 크기를 크게 설정해야 가독성이 좋습니다.

캘리그래피

필기체보다 더 자유롭고 감각적입니다. 본문에는 다소 적합하지 않고, 제목을 강조하거나 개성을 드러내고 싶을 때 사용하면 좋습니다. 텍스트의 크기는 역시 크게 설정해서 사용해주세요.

한컴, 파워포인트 등의 소프트웨어에 기본으로 설치된 번들 글꼴보다, 가독성과 심미성이 훌륭한 글꼴이 많이 존재합니다. 글꼴을 일일이 다운로드하고 설치하는 것이 번거로울 수도 있지만, 그 수고가 무색할 만큼 디자인에서 글꼴의 힘은 강력합니다. 우리의 강의교안 디자인을 한층 업그레이드해 줄 글꼴을 소개합니다. 참고로 상업적으로도 모두 무료로 사용할 수 있는 글꼴만 모았습니다.

강력추천 고딕 글꼴

Noto Sans
본고딕

Noto Sans CJK KR Black
Noto Sans CJK KR DemiLight
Noto Sans CJK KR Light
Noto Sans CJK KR Medium
Noto Sans CJK KR Regular
Noto Sans CJK KR Thin
Noto Sans Mono CJK KR Bold
Noto Sans Mono CJK KR Regular

가로치지 말고 보여주자
글꼴의 종류

Noto Sans
한글과 영문 끝판왕
두께도 무려 9가지

강력추천 고딕 글꼴

KoPub돋움체

KoPub돋움체 Light
KoPub돋움체 Medium
KoPub돋움체 Bold

디자인 퀄리티를 올려주는 고딕 추천 글꼴

에스코어 드림

에스코어 드림 1 Thin
에스코어 드림 2 ExtraLight
에스코어 드림 3
에스코어 드림 4 Regular
에스코어 드림 5 Medium
에스코어 드림 6 Bold
에스코어 드림 7 ExtraBold
에스코어 드림 8 Heavy
에스코어 드림 9 Black

타이틀에 쓰면 모던, 세련된 강력 추천고딕

검은고딕
검은고딕

네이버에서 상업적 사용 가능하도록 배포한
나눔글꼴 시리즈

배달의 민족에서 매년 배포하는 위트있는 글꼴
배달의 민족 시리즈

두께 조절이 안되는 아쉬움이 있지만 가시성이 좋은 글꼴이다.
본문보다 타이틀에 쓰기에 좋다.

사업적으로도 허용된
기업글꼴 시리즈 (단 BI, CI 사용은 금지)

실제 브랜드에 사용되고 있어 우리에게 익숙한 글꼴이다.

손글씨/캘리그래피는 자연스럽고 예쁘지만 고딕,명조류보다 가시성이 떨어진다.
글꼴 사이즈를 크게, 잘 보이게 쓰자.

TIP 03 글꼴의 저작권

대부분의 글꼴은 인터넷에서 무료로 다운로드할 수 있지만, 사용은 비상업적인 용도만 가능한 경우가 많습니다. 글꼴을 다운로드할 때, 상업적으로 사용 가능한지 여부를 반드시 한 번 더 확인하는 것이 안전합니다.

사용범위에 기업이라고 표기된 것은 영리활동을 하는 기업뿐만 아니라, 학교에서도 자유롭게 사용 가능합니다.(공공기관은 별도의 저작권 확인이 필요합니다.)

상업적 이용 가능한 무료 글꼴 모음 사이트

• **눈누** https://noonnu.cc/index

글꼴을 사용할 때마다, 저작권이 헷갈린다면 [눈누]를 참고하세요. [눈누]는 상업적 사용이 가능한 무료 글꼴을 모아 놓고 다운로드 사이트도 연결해 둔 편리한 사이트입니다. 즐겨찾기를 하고, 상업적으로 사용 가능한 글꼴이 궁금할 때마다 찾아보시면, 유용하겠죠?

영문 글꼴 다운로드는 [dafont]를 추천합니다. 저작권도 바로 확인할 수 있어서 영문 글꼴을 많이 사용하시는 분이라면 [dafont]를 꼭 기억해 두세요.

• 다폰트 https://www.dafont.com/

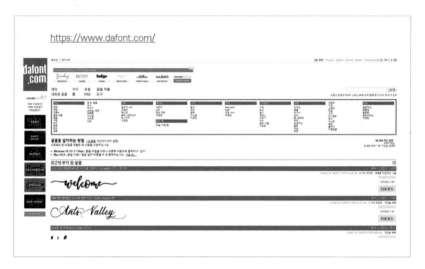

꼭 알아야 할 글꼴 저작권

Window, 한컴오피스(한글), MS오피스(파워포인트, 엑셀, 워드 등)를 설치하면 아래와 같은 글꼴이 자동으로 설치됩니다. 이 글꼴들에 저작권이 있다는 사실! 알고 계셨나요? 예를 들어, [맑은고딕]은 MS오피스를 설치하면 함께 자동 설치되는 번들 글꼴인데요. 이 [맑은고딕]은 MS오피스(파워포인트, 엑셀, 워드 등)에서는 저작권 걱정 없이 사용할 수 있지만 다른 곳에서 상업적으로 사용하려면 별도의 라이선스를 구매해야 합니다. (맑은고딕은 129달러에 판매되는 유료 글꼴입니다.)

[한컴바탕], [한컴돋움]과 같은 글꼴은 한컴오피스 내에서만 개인·상업용도로 사용할 수 있습니다. [한컴]글꼴을 만든 파워포인트, 포토샵, 프리미어와 같은 프로그램에서 사용하는 것은 라이선스 위반입니다. 한컴오피스와 함께 설치된 글꼴을 다른 프로그램에서 라이선스 구매 없이 사용할 수 없다는 것을 꼭 기억해야 합니다.

한컴오피스 글꼴 종류

한컴바탕	한컴 윤체 B	양재소슬체S	GoudyOlSt BT(BI)
한컴돋움	한컴 윤체 L	양재튼튼체B	GoudyOlSt BT(I)
한컴바탕확장	한컴 윤체 M	양재와당체M	Hobo BT
HYhwpEQ	한컴 쿨재즈 B	양재꽃게체M	Liberty BT
HY강B	한컴 쿨재즈 L	양재난초체M	MurrayHill Bd BT
HY강M	한컴 쿨재즈 M	양재벨라체M	OCR-A BT
HY수평선B	한양해서	양재백두체B	OCR-B-10 BT
HY수평선M	HY궁서	양재깨비체B	Orator 10 BT
HY울릉도B	HY견고딕	양재붓꽃체L	Orbit-B BT
HY울릉도M	HY그래픽	양재블럭체	ParkAvenue BT
HY태백B	HY견명조	양재인장체M	Swis721 BT(I)
HY동녘B	HY백송B	AmeriGarmnd BT	Stencil BT
HY동녘M	HY크리스탈M	AmeriGarmnd BT(B)	Swis721 BT
HY나무B	HY목판L	AmeriGarmnd BT(BI)	Baskerville BT
HY나무L	HY엽서M	AmeriGarmnd BT(I)	Newtext Bk BT

HY나무M	HY센스L	BernhardFashion BT	MD아롱체
HY산B	휴먼명조	Blippo Blk BT	MD아트체
HY바다L	휴먼고딕	Bodoni Bd BT	MD이솝체
HY바다M	굵은안상수체	Bodoni Bd BT(I)	MD개성체
HY헤드라인M	가는안상수체	Bodoni Bk BT	MD솔체
안상수2006굵은	중간안상수체	Bodoni Bk BT(I)	문체부 훈민정음체
안상수2006가는	휴먼굵은팸체	BroadwayEngraved BT	문체부 궁체 정자체
안상수2006중간	휴먼가는팸체	BrushScript BT	문체부 궁체 흘림체
한컴 바겐세일 B	휴먼중간팸체	Cooper Blk BT	문체부 돋움체
한컴 바겐세일 M	휴먼굵은샘체	Cooper Blk BT(I)	문체부 바탕체
한컴 백제 B	휴먼가는샘체	CommercialScript BT	문체부 쓰기 정체
한컴 백제 M	휴먼중간샘체	Courier10 BT Bold	문체부 쓰기 흘림체
한컴 소망 B	휴먼엣체	Courier10 BT Bold(I)	문체부 제목 돋움체
한컴 소망 M	펜흘림	CentSchbook BT	문체부 제목 바탕체
한컴 솔잎 B	태나무	CentSchbook BT(B)	KBIZ한마음고딕 B
한컴 솔잎 M	양재본목각체M	CentSchbook BT(BI)	KBIZ한마음고딕 M
한컴 윤고딕 230	양재참숯체B	CentSchbook BT(I)	KBIZ한마음고딕 R
한컴 윤고딕 240	양재돌기체M	DomCasual BT	KBIZ한마음명조 B
한컴 윤고딕 250	양재다운명조M	Freehand591 BT	KBIZ한마음명조 M
한컴 윤고딕 720	양재이니셜체	FuturaBlack BT	KBIZ한마음명조 R
한컴 윤고딕 740	양재매화체S	GoudyOlSt BT	NewJumja
한컴 윤고딕 760	양재샤넬체M	GoudyOlSt BT(B)	

TIP 04 텍스트 가독성 UP 5요소

    글꼴 선택에 가장 중요한 기준은 전달내용이 한눈에 잘 보일까? 입니다. 즉, 강의교안에 어울리는 가독성이 좋은 글꼴을 선택해야 합니다. 가독성은 글꼴 사용에서 가장 중요한 요소로 가독성에 영향을 미치는 요소는 크게 4가지가 있습니다.

〈텍스트 가독성에 영향을 미치는 4요소〉

크기   굵기   자간   줄간격

❶ 크기

    강의교안의 텍스트 크기는 최소 22pt 이상을 사용하시는 것을 추천합니다. (글꼴마다 기본 글자 크기가 달라서 상대적으로 차이는 있습니다.) 물론, 이보다 글꼴 크기가 커도 좋습니다. 간혹 글자를 크게 하면 다소 촌스러운 느낌이 들 때가 있어 크기를 조금 작게 만들고 싶은 유혹에 빠질 수 있습니다. 하지만 강의교안은 가장 뒷자리에 앉은 학습자도 잘 보이도록 만드는 것이 중요하므로 글자를 크고 시원하게 쓰는 것이 좋습니다.

❷ 굵기

대부분의 텍스트는 [Light]로 쓰고, 중요한 내용과 강조하는 키워드는 [Bold]로 굵게 표현하는 것이 효과적입니다. 한 슬라이드 안에 모든 텍스트를 [Light]로 가늘고 힘없게 하거나, 모든 텍스트를 [Bold]로 쓰지 않습니다. [Light]와 [Bold]를 조화롭게 사용하면 텍스트 굵기에 변화가 생겨 강조하는 영역에 힘을 줄 수 있습니다.

❸ 자간(문자 폭)

자간은 시각적 응집력에 영향을 주는 요소입니다. 한눈에 쏙 들어오게 만들려면 텍스트가 응집력을 갖는 것이 중요합니다. 자간을 [좁게] 또는 [매우 좁게]로 설정하면 텍스트의 응집력을 높일 수 있습니다. 물론, 자간은 텍스트의 크기에 따라 상대적으로 적용해야 합니다. 예를 들어, 텍스트 크기가 작은데 자간을 [좁게]하면 자간이 상대적으로 너무 좁아져서 가독성이 떨어집니다. 반대로 텍스트 크기가 매우 클 때는 자간을 [매우 좁게] 설정 해야 우리 눈으로 구별되는 명확한 응집력을 보여줄 수 있습니다.

❹ 줄간격

줄과 줄 사이에 충분한 공간이 없으면 답답해 보입니다. 무엇보다도 줄 간격이 좁으면 가독성이 떨어집니다. 그렇다고 너무 넓은 것도 좋지 않습니다. 학습자가 텍스트를 인지하기 편안하도록 줄 간격을 적절하게 유지하는 것이 바람직합니다. 주제와 단락이 바뀔 때는 줄 간격을 의도적으로 넓게 하여 구분을 지어줍니다.

1. 모든 이해관계자에게 필요한 커뮤니케이션을 세심하게 계획하라.

- 후보자, 후보자 관리자, 팀 매니저, 각 펠로우십 팀을 지원하는 HR비즈니스 파트너

2. 역할을 정의하고 모든 플레이어에 대한 기대치를 명확히 하라.

- 실현될 혜택을 조사하고 전달하라. 시장을 주도하는데 도움이 된다.

줄간격이 너무 좁아도 넓어도 NO

1. 모든 이해관계자에게 필요한 커뮤니케이션을 세심하게 계획하라.
- 후보자, 후보자 관리자, 팀 매니저, 각 펠로우십 팀을 지원하는 HR비즈니스 파트너

2. 역할을 정의하고 모든 플레이어에 대한 기대치를 명확히 하라.
- 실현될 혜택을 조사하고 전달하라. 시장을 주도하는데 도움이 된다.

줄간격은 넓지도 좁지도 않고 → 적절하게 조절해요.

줄 간격 조절 방법을 알아보겠습니다.

줄간격을 세밀하게 조정하려면 [줄 간격 옵션]을 선택합니다.
가운데 [줄 간격 : 배수]를 선택하고 값을 조절해주시면 됩니다. 일반적으로 1.2를 해보고
반영된 줄간격 결과를 보시고 수치를 조절합니다.

❺ 본문 텍스트의 강약

강의교안의 텍스트는 중요한 부분이 잘 강조되어야 합니다. 강조하고 싶은 텍스트에 [강하게], 일반적인 텍스트에는 [약하게]하여, 강약을 분명하게 표현합니다.

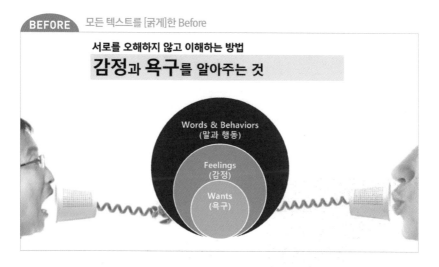

BEFORE 모든 텍스트를 [굵게]한 Before

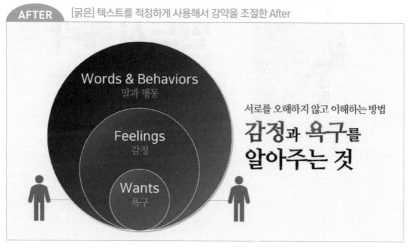

AFTER [굵은] 텍스트를 적정하게 사용해서 강약을 조절한 After

픽토그램 검색어	Human	글꼴	한글 : 나눔명조 ㅣ 영문 : notosans

두려운 일은 반드시 해라

램프 월도 에머슨(미국의 시인)

AFTER 텍스트에 강약을 표현한 After

두려운 일은
반드시 해라

램프 월도 에머슨 (미국의 시인)

이미지 검색어	등산	**글꼴**	에스코어드림

TIP 05 🖱️ 가독성 DOWN 2요소

❶ 이탤릭체

이탤릭체는 신중하게 사용해야 합니다. 이탤릭체는 가독성을 떨어뜨리는 요소이므로 가급적 본문에는 사용하지 않습니다. 다만, 제목이나 강조하고 싶은 곳에 간헐적으로 사용하면 생동감을 줄 수 있습니다. 이탤릭체를 사용할 때는 가독성을 고려하여 텍스트가 눈에 잘 띌 수 있도록 크게 사용해주세요.

> *이탤릭체는 생동감과 운동감을 줍니다.*
> *그러나 가독성이 떨어져요. 신중하게 사용해주세요*

❷ 굵게 + 이탤릭체 + 밑줄

이 세 가지 요소를 한꺼번에 적용하면 텍스트의 가독성이 현저하게 떨어집니다. 학습자를 굉장히 불편하게 만드는 것이죠. 대개 학습자는 보기에 불편하면 큰 수고를 들여서 집중하지 않습니다. 시험을 치르는 것이 아니라면 해당 내용을 회피하는 경향을 보입니다. 이러한 강조 요소는 동시에 사용하지 않는 것을 권장합니다.

<u>*굵게, 이탤릭 체, 밑줄 세 가지 요소를*</u>
<u>*한 번에 적용하지 않습니다*</u>
<u>*읽기도 보기도 힘들어요*</u>

TIP 06 조화로운 글꼴 사용

글꼴 종류의 다양화

어떤 글꼴을 선택할지 너무 복잡하고 어렵게 느껴진다면 고딕류를 주로 사용하고 명조체나 손글씨체는 약간만 추가해서 사용하면 무난합니다.

글꼴 굵기의 다양화

글꼴의 굵기도 Light를 기본으로 Bold를 적절히 혼합하여 사용합니다.

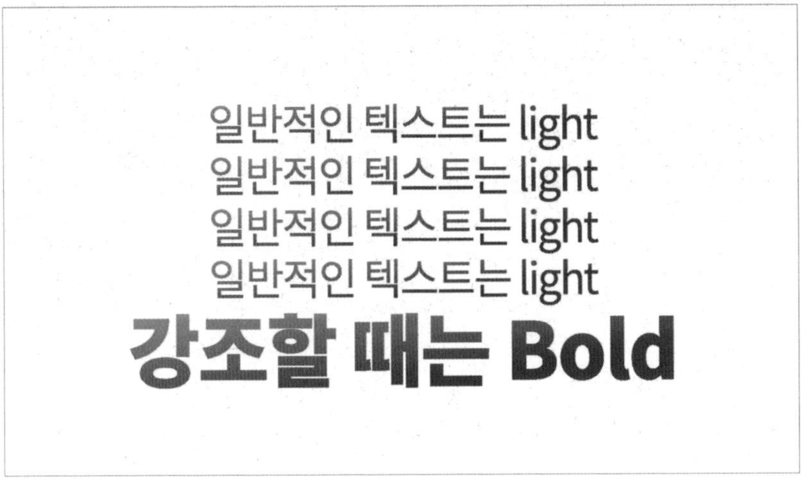
일반적인 텍스트는 light
일반적인 텍스트는 light
일반적인 텍스트는 light
일반적인 텍스트는 light
강조할 때는 Bold

학습내용과 어울리는 글꼴 선택

강의교안에서 글꼴은 고딕류를 가장 많이 사용하지만, 본 슬라이드는 [상상토끼 꽃길] 글꼴로 표지를 디자인했습니다. 배경이 칠판이라 고딕이나 명조체보다 실제 분필로 쓴 것 같은 느낌을 살리기 위해 캘리그래피 글꼴을 사용하였습니다. 캘리그래피 글꼴은 크기를 크게 써야 가독성을 확보할 수 있습니다.

이미지 검색어	칠판	글꼴	상상토끼 꽃길

02 타이포그래피(글꼴)

색상

명확한 의도를 갖고 색상을 잘 사용하면 전달 내용의 강약을 분명히 할 수 있으며, 시각적으로도 아름다운 강의교안을 디자인할 수 있습니다. [이 내용, 이 컨셉에는 이 색상!]과 같이 색상은 답이 딱 정해져 있는 것이 아닙니다. 다만 어떤 색상을 선택하느냐에 따라 [신뢰가 간다], [따뜻하다], [부드럽다], [신선하다], [포근하다]와 같이 느낌과 이미지를 상대방에게 전달할 수 있습니다. 교수자는 본인의 강의 콘텐츠와 전달하고자 하는 내용에 어울리는 색상을 선택하는 것이 중요합니다.

색상을 잘 활용하면 전달하는 내용을 구분하고 수준을 정리하며 중요한 내용을 강조할 수도 있습니다. 색상의 명도나 채도의 변화로 정보의 비율이나 순서도 표현할 수 있습니다. 즉, 색상의 변화로 정보의 차이를 보여줄 수 있습니다.

먼저, 각각의 색상이 가진 느낌을 살펴볼까요?

빨강 RED

어떤 색상보다 강렬한 색상입니다.
강하고 파괴적인 부정적인 느낌과 따뜻함,
에너지와 같은 긍정적인 느낌이 공존합니다.

주황 Orange

주황은 빨강처럼 따뜻하고 에너지가 느껴지기도 하고,
노랑처럼 생동감이 돌기도 합니다.

노랑 Yellow

노랑은 아이들의 순진함과 천진함이 묻어나는 색상입니다.
밝고 명랑한 색상이기도 하지만, 상황에 따라서 유치하고 아이스러운 느낌을 주기도 합니다.

초록 Green

초록은 싱그럽고 편안하고 안정적입니다.
나무, 풀, 잔디, 숲과 같은 자연을 연상시키는 색상이죠.
초록은 마음을 편안하게 하는 안정성이 큰 매력입니다.

파랑 blue

파랑은 바다와 하늘을 연상시키는 시원한 색상의 대표주자입니다.
파랑색은 신뢰감을 표현하는 1등 색상입니다.
그래서 신뢰를 중요시하는 기업의 CI색상으로 많이 사용하고,
강의교안에도 무난하게 많이 사용하는 색상입니다.

보라 Violet

보라색은 오묘한 매력을 가진 색상입니다.
신비롭고 우아한 느낌을 줍니다.

검정 black

검정색은 단순하고 강직하고 힘이 느껴지는 색상입니다.
고급스러움을 표현하기도 합니다.

회색 gray

회색은 어떤한 색상과도 잘 어울려서, 마법의 색상으로 불립니다.
심플하고 모던한 느낌을 줍니다.

흰색 White

흰색은 순수함, 깨끗함, 맑음을 잘 표현하는 색상입니다.
모든 색상과 잘 어울리죠.

TIP 01 최소한의 색상 선택

초심자가 색상을 선택할 때 쉽게 하는 실수는 지나치게 많은 색상을 사용하는 것입니다. 색이 많으면 복잡하고 집중력도 떨어지며 일관성도 사라집니다. 많은 색상을 조화롭게 잘 사용하면 문제가 없겠지만, 색 감각이 뛰어나지 않은 평범한 사람에게는 참 어려운 일입니다. 그래서 가능한 적은 색상을 사용하여 무난하지만 안정적으로 표현하는 것을 추천합니다. 색상에 대한 감각이 향상되고 전체적으로 조화롭게 사용할 수 있을 정도로 실력이 쌓이면 그때 더 많은 색상을 시도해 보세요!

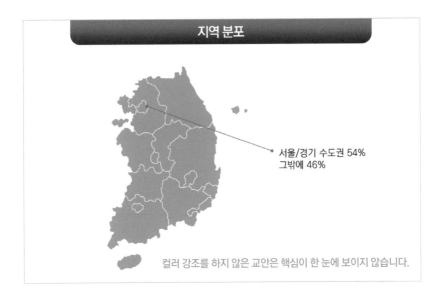

지역 분포

서울/경기 수도권 54%
그밖에 46%

컬러 강조를 하지 않은 교안은 핵심이 한 눈에 보이지 않습니다.

이렇게 강조할 영역에 1가지 색상으로도 핵심내용을 충분히 강조할 수 있습니다.

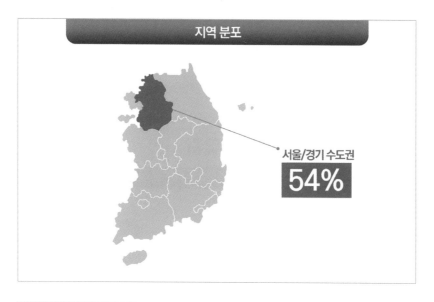

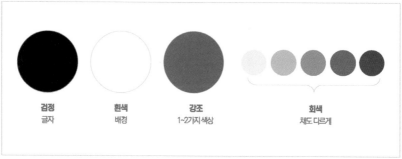

검정
글자

흰색
배경

강조
1~2가지 색상

회색
채도 다르게

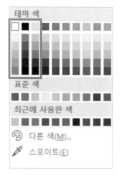

색상을 사용하는 간단한 팁은 강조 색상 1~2가지와 회색을 사용하는 것입니다. 회색은 무채색이라서 거의 모든 색상과 조화롭게 잘 어울리며, 그래서 마법의 색상으로 불립니다. 파워포인트의 팔레트 왼쪽 3줄이 모두 회색으로 채도를 다르게 여러 가지 회색을 사용하더라도 색상을 많이 쓴 느낌을 주지 않습니다. 강조 색상 1~2가지로 부족함을 느낄 때는 회색 사용을 추천합니다. 텍스트에 힘을 뺄 때 중요도가 낮은 영역도 회색을 사용합니다.

TIP 02 색상의 톤 앤 매너 유지

1, 2, 3위 색상을 선택할 때, 유사한 색상을 사용하면 일관성을 주면서 조화롭습니다.

1위 원형 색상선택을 기준으로, 2위, 3위 도형 색상을 선택할 팁을 살펴봅니다.

2위 색상을 선택할 때는 ❶[1위랑 동일한 색상을 선택] ➡ ❷[다른 색]
➡ ❸[색상 바를 위아래로] 움직여서 명도가 다른 색상을 선택하면 됩니다.

TIP 03 ✨ 내용 구분을 위한 색상 사용

교류분석 강의교안의 일부 슬라이드입니다. 교류분석에서 부모(P), 어른
(A), 아이(C)의 개념이 반복적으로 나오는데, 각 대상마다 특정 색상을 사
용해서 구별하면 학습자가 인지하기 편리합니다. 부모, 어른, 아이를 쉽게

구분할 수 있는 색상을 모든 슬라이드에 일관성 있게 사용하면 학습자의 인지 노력을 줄일 수 있습니다. 노란색 도형만 봐도 아이(C)에 대한 설명이구나! 바로 알 수 있겠죠?

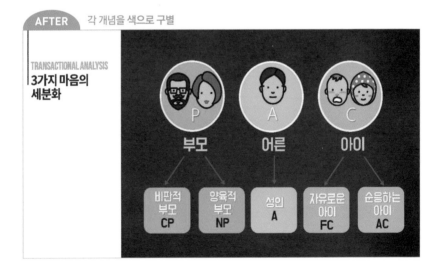

이중오염

세상은 차갑고 나는 약삭 빠르지 않으니까 어차피 노력해도 안돼!
상대의 A가 제대로 작용X
휘말리지 않도록 잠시 내버려 둔다

TIP 04 :stars: 소속 조직 또는 고객사의 CI 색상 활용

SK계열의 고객사에 출강했을 때 사용했던 강의교안의 일부입니다. 색상은 고민 없이 SK의 CI색상을 메인 색상으로 선택했습니다. 다른 어떤 색상보다 학습자에게 더욱 친근하고 반가운 색상이겠죠? 꼭 SK의 CI 색상은 아니더라도, 경쟁사 혹은 타사를 쉽게 연상시키는 색상은 피하는 것이 좋습니다.

TIP 05 :stars: 이미지에서 텍스트 색상 추출

강의교안을 만들때, 슬라이드에 이미지를 삽입하고 본문 내용을 작성하는 패턴을 자주 사용합니다. 텍스트 색상은 강의교안 전체를 아우르는 강조 색을 사용하거나 삽입한 이미지에 있는 색상 중에 1가지를 선택하면 됩니다. 텍스트 색상을 이미지에 있는 색상 중에 추출해서 사용하면 전체적으로 통일성을 줍니다.

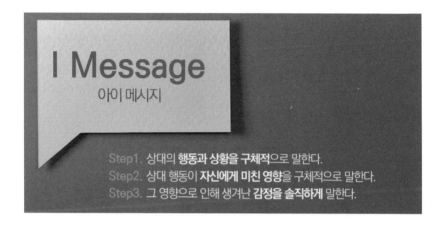

[I Message]의 색상을 선택할 때는 [텍스트에 블록] 설정 ⇒ [텍스트 색상변경] 선택 ⇒ [스포이트] 선택 ⇒ [활성화된 스포이트를 이미지의 핑크색 부분]을 클릭하면 됩니다.

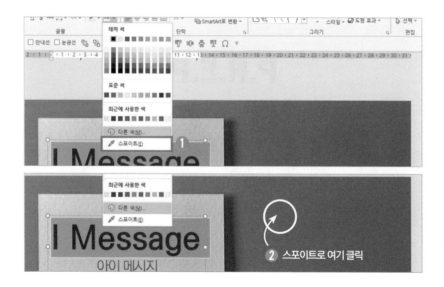

색상은 선보다 면

상황에 따라 다를 수 있지만, 색상으로 내용을 구분할 때는 선보다 면에 색을 채웁니다. 면에 색상을 채우면 시각적으로 더 눈에 잘 띄고 구분을 명확하게 만들 수 있습니다. 도형 테두리에 색을 넣는 것 보다 도형 안에 색을 채워보세요.

BEFORE 선에 색을 넣은 Before

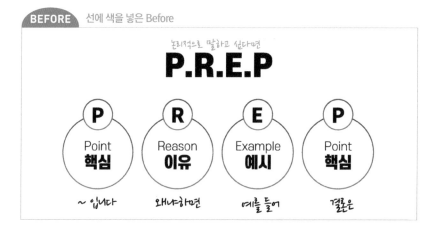

AFTER 면에 색을 채운 After

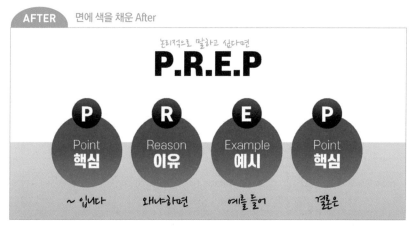

도형 안에 색을 채우는 것이 더 눈에 잘 띄죠?

TIP 07 그라데이션 VS. 단색

어설픈 그라데이션은 촌스러운 느낌을 줍니다. 그라데이션을 잘 쓰기 어렵다면, 단색으로 표현하는 것이 더 좋습니다.

BEFORE 어설픈 그라데이션

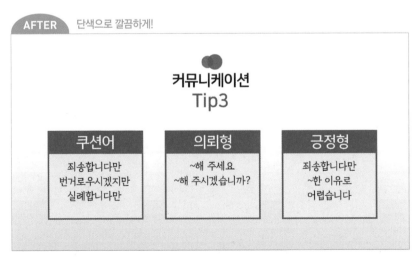

AFTER 단색으로 깔끔하게!

색상 변화가 급격한 그라이디언트는 조화로운 느낌 보다 인공적인 느낌을 주게 됩니다. 그라데이션 색상 변화가 크지 않고 자연스러울 정도로 은은하게 사용하면 더 세련되고, 고급스러워집니다. 한번 볼까요?

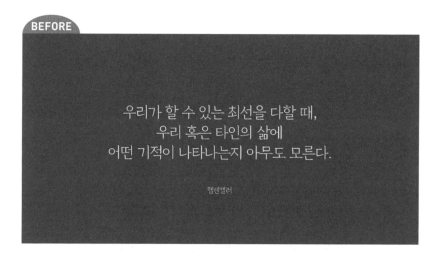

그라데이션을 슬라이드의 끝에 진한 색상으로 살짝 주었습니다.

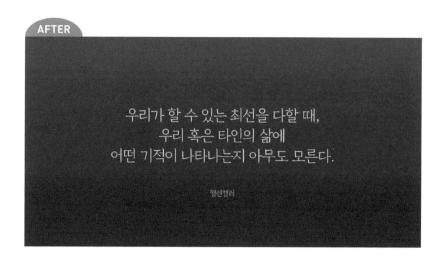

다른 컬러도 한번 더 적용해 볼까요?

BEFORE

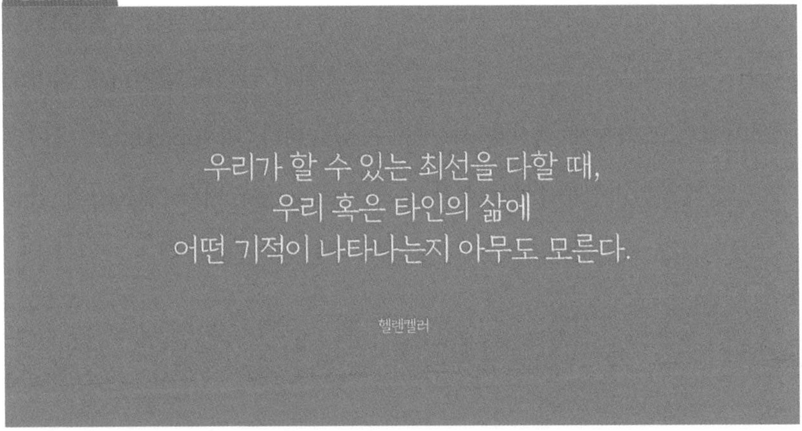

우리가 할 수 있는 최선을 다할 때,
우리 혹은 타인의 삶에
어떤 기적이 나타나는지 아무도 모른다.

헬렌켈러

AFTER

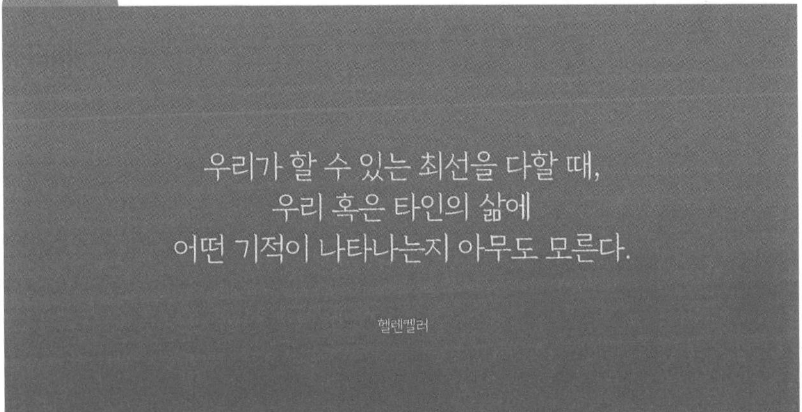

우리가 할 수 있는 최선을 다할 때,
우리 혹은 타인의 삶에
어떤 기적이 나타나는지 아무도 모른다.

헬렌켈러

TIP 08 ☀ 전문가의 색상 가져오기

  구글, 핀터레스트와 같은 플랫폼에서 검색 한 번이면 색감이 훌륭한 디자인을 쉽게 찾을 수 있습니다. 이를 잘 활용하면 감각이 뛰어나지 않아도 전문가처럼 조화롭게 색상을 사용할 수 있습니다. 파워포인트 2013이상(Office365포함)버전은 [색상 선택 스포이트]가 있습니다. 전문가의 색상을 **스포이트로 콕! 찍어** 그대로 써보세요. 모든 디자인, 콘텐츠는 저작권이 중요하지만, 색상 조합은 마음껏 모방해도 괜찮습니다.

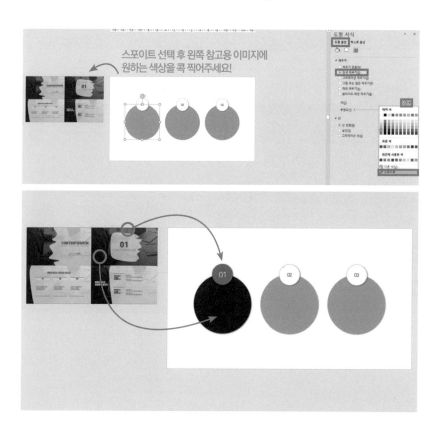

색상을 제대로 사용하면 핵심 키워드를 명확하게 보여줄 수 있습니다.

BEFORE

우리에게 필요한 ERRC

Eraise: 우리가 제거해야 할 것은 무엇인가?

Raise: 우리가 더 많이 해야 하는 것은 무엇인가?

Reduce: 우리가 줄여야 하는 것은 무엇인가?

Create: 우리가 새롭게 해야 하는 것은 무엇인가?

AFTER

우리에게 필요한

ERRC

Eraise 우리가 제거해야 할 것은 무엇인가?

Raise 우리가 더 많이 해야 하는 것은 무엇인가?

Reduce 우리가 줄여야 하는 것은 무엇인가?

Create 우리가 새롭게 해야 하는 것은 무엇인가?

디자인 방법을 살펴볼까요?

먼저 이미지를 슬라이드 배경 전체에 삽입합니다.

글꼴	본명조 light │ notosans demilight │ notosans black

우리에게 필요한
ERRC

Eraise: 우리가 제거해야 할 것은 무엇인가?
Raise: 우리가 더 많이 해야 하는 것은 무엇인가?
Reduce: 우리가 줄여야 하는 것은 무엇인가?
Create: 우리가 새롭게 해야 하는 것은 무엇인가?

각 항목에 대한 세부 설명을 보여줄 때, 우리는 주로 콜론(:)을 사용합니다. 당연한 듯 사용했지만 콜론을 생략하면 본문 내용이 훨씬 선명하게 보입니다. 콜론을 생략하는 방법은 아래와 같이 중요 키워드에 색을 넣어주면 됩니다. 콜론이 없어도 충분히 텍스트 구분이 가능하죠? 특히, 강조하고 싶은 부분이 있다면 유용하게 활용하실 수 있습니다.

이렇게 텍스트를 그냥 써도 되겠지만, [우리가]로 시작하는 4줄의 왼쪽 시작 선을 정렬해주게 되면 훨씬 정돈된 느낌이 들겠죠? 스페이스바를 눌러서 띄어쓰기하면 들여 쓰기의 공간이 딱 맞지 않는 경우가 있습니다. 이럴 때는 **표**를 사용해서 세로 시작 선을 일정하게 맞출 수 있습니다.

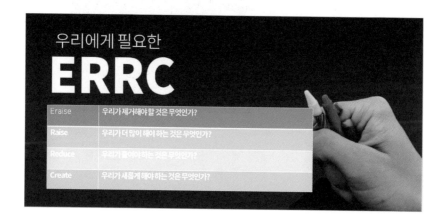

이렇게 표 안에 텍스트를 나누어서 입력해주세요.

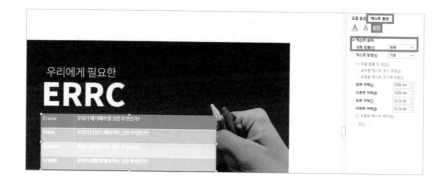

표 내부에 텍스트라 위로 쏠려 있죠? 표 안에 텍스트 위치도 기본 [세로 맞춤] – [위쪽]을 [가운데]로 변경합니다.

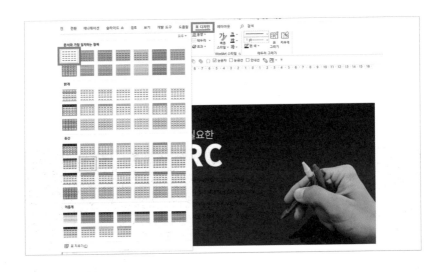

메뉴 [표디자인] ➡ 표의 셀을 채우는 색상과 테두리 모두를 제거된 표를 선택합니다.

이제 표 안에 텍스트가 셀의 가운데에 위치하고, 표의 테두리도 투명하게 변경됐습니다.

우리에게 필요한
ERRC

Eraise 우리가 제거해야 할 것은 무엇인가?
Raise 우리가 더 많이 해야 하는 것은 무엇인가?
Reduce 우리가 줄여야 하는 것은 무엇인가?
Create 우리가 새롭게 해야 하는 것은 무엇인가?

표를 사용했지만, 표의 테두리 선과 채우기 색상을 모두 제거함으로써 감쪽같이 텍스트를 왼쪽 정렬이 되게 했습니다. 마지막으로 ERRC의 색상은 오른쪽 하단의 이미지에 있는 색연필 색상을 [스포이트]로 콕 찍어 디자인을 완성했습니다.

03 색상

이미지

우리는 현재 정보 과잉의 시대에 살고 있습니다. 와튼 비즈니스 스쿨의 조사 결과에 따르면, 사람들은 1986년 대비 5배 이상의 정보에 노출되어 있다고 합니다. 우리의 감각기관은 수많은 정보로 인하여 피로감을 넘어서 고통을 느끼는 수준입니다. 물론, 우리는 그 고통을 직접적으로 느끼지는 못하지만 사람들은 정보를 받아들이는 것을 귀찮아하거나 본능적으로 인지 비용을 줄이는 방향으로 행동하고 있습니다.

교수자는 정보를 전달하고 학습자가 지식을 구축할 수 있도록 도와줘야 하는데 이러한 학습자들의 본능적인 태도는 학습효과를 증가시키는데 방해하는 요소로 작용합니다. 교수자는 학습자가 학습내용을 충분히 수용할 수 있는 방법을 찾아야 합니다.

교수자로서 어떤 방법을 사용할 수 있을까요?

정보는 텍스트로 전달하는 것보다 **텍스트와 이미지를 함께 제공할 때 상대방의 정보 수용성이 훨씬 높아집니다.** 이미지는 텍스트로 많은 이야기를 하지 않아도 표현하고 싶은 것을 상징적으로 보여줍니다. 학습자에게 전달하고 싶은 내용의 실제 사진을 보여주는 것만큼 이해를 돕는 강력한 방법은 없겠죠. 실제 사진 또는 적절한 메타포 이미지를 보여주어 학습자의 상상력을 자극할 수 있습니다. 거기에 텍스트로 학습자의 이해를 도와주게 되면 학습자는 직관적으로 교수자의 의도에 따라 정보를 이해하고 습득하게 됩니다. 자 그럼, 강의교안에 이미지를 잘 사용하는 팁 7가지를 살펴보겠습니다.

TIP 01 파워포인트로 쉽고 빠르게 이미지를 가져오는 방법

가져오고 싶은 이미지 위에서 [마우스 오른쪽 클릭] ➡ [복사]

파워포인트를 엽니다.

[파워포인트 슬라이드] ➡ [단축키 Ctrl + V] (붙여넣기)를 하면 빠르게 사진을 삽입할 수 있습니다.

사진을 일일히 [다른이름으로 저장]하며 불러올 필요가 없겠죠?

TIP 02 원하는 이미지를 찾는 방법

❶ 영어로 검색하기

같은 의미의 사진을 찾더라도 한글과 영어의 검색량은 크게 다릅니다. 영어로 검색했을 때 더 풍부한 결과물을 얻을 수 있습니다. (환경보호 vs. protection of the environment) 영어 단어도 한 가지로만 검색하는 것이 아니라 유사한 단어를 여러 번 검색하면 원하는 이미지를 빠르게 찾을 수 있습니다.

❷ 특정 단어를 떠오르게 하는 이미지를 머릿속에 그려보세요. 그리고 구체적인 단어로 검색하세요.

[끊임없이 시도하고 도전하세요]라는 메시지를 전달하고 싶다면, [시도 Try], [도전 challenge]과 같은 직접적인 단어를 검색하기보다 도전을 연상하게 하는 구체적인 단어를 찾아보세요. 생생한 이미지를 찾을 수 있습니다.

픽사베이(https://pixabay.com/)에서 도전하면 떠오르는 구체적인 단어로 검색해보세요.

[도전] 이라는 단어에서 우리는 [등반 climbing], [마라톤 marathon], [스카이다이빙 skydiving]과 같이 역동적인 스포츠 장면을 쉽게 떠올릴 수 있습니다. 이러한 단어로 검색해보겠습니다.

　이렇게 구체적인 단어로 검색하면 자신이 전달하고 싶은 메시지를 잘 드러내는 이미지를 찾을 수 있습니다. 이제 남은 것은 검색한 이미지를 강의교안에 반영하는 것뿐입니다.

이미지 다운로드 사이트

구글이미지 https://www.google.co.kr/	대부분 상업적 이용 불가, 저작권 있음 검색 도구 활용하면, 저작권이 자유로운 이미지만 검색할 수 있음
PNG이미지 http://pngimg.com/	PNG 이미지만 있음, 일부 상업적 사용 불가 사진 다운로드할 때, 저작권 확인 필요. 원하는 이미지 검색 - 마우스 우 클릭 [복사] - 붙여넣기
프리픽 https://www.freepik.com/	이미지, 픽토그램 등 다양한 디자인 소스 제공 강력추천, 저작권관련 사항 잘 체크할 것

픽사베이 https://pixabay.com/r/	상업적 이용 가능, 많은 이미지 보유
픽셀즈 https://www.pexels.com/	상업적 이용 가능, 많은 이미지 보유
언스플래쉬 https://unsplash.com/	상업적 이용 가능, 이미지 절대량은 많지 않지만 감각 적인 이미지가 많음
게티이미지뱅크 https://www.gettyimagesbank. com/	대부분 유료, 무료사이트에 없는 한국인 인물 사진 등 다수 보유, 무료사이트로 해결되지 않을 때 추천

이미지의 저작권

온라인에서 우리는 원하는 이미지를 쉽게 찾아 강의교안에 반영할 수 있기 때문에 머릿속에서 그리는 대부분을 표현할 수 있습니다. 다만, 모든 온라인의 이미지는 저작권이 있다는 사실을 명심해야 합니다. 저작권을 무시하고 이미지를 자유롭게 사용하다가 생각하지 못한 책임을 져야 하는 경우가 발생할 수도 있으므로 항상 조심해야 합니다. 온라인 사진을 사용할 때, 사진 옆에 표기된 저작권 관련 사항을 주의 깊게 살펴봐야 합니다. 저작권 관련 사항이 CC0이라고 되어있나요? [CC0 : 크리에이티브 커먼즈 제로] CC0 이미지는 저작권자가 저작권을 포기했다는 것을 의미합니다. 즉, 합법적 범위 안에서 편집, 수정 및 배포를 할 수 있으며 상업적 용도로도 자유롭게 사용할 수 있습니다. 바로, 우리가 자유롭게 수정하고 사용할 수 있는 이미지를 의미합니다.

이미지의 저작권을 표로 정리해보겠습니다.

CC0 (크리에이티브 커먼즈 제로)	저작권이 소멸되어 사용에 제한이 없는 무료 저작물
FREE (CC0 외 모든 무료 저작물)	CCL을 포함한 모든 무료 저작물 또는 저작권이 소멸되지 않았지만 저작자 허락으로 자유로운 사용을 허용한 모든 저작물
CCL (Creative Commons License)	창작물에 대하여 일정한 조건으로 다른 사람의 자유로운 이용을 허락하는 자유 이용 라이선스. 무료와는 차이가 있으니 주의

사진 오른쪽을 잘 살펴보면 사진의 저작권에 대해 표기되어 있습니다. 주의 깊게 읽고 저작권을 꼭 지켜주세요.

구글 이미지의 저작권

우리가 많이 검색하는 구글의 이미지 역시 대부분 저작권을 갖고 있습니다. 100% 완벽한 방법은 아니지만 **검색 도구에서 [수정 후 재사용 가능]을 체크하고 검색해볼까요?** 상업적으로 수정해서 사용 가능한 이미지만 검색할 수 있습니다.

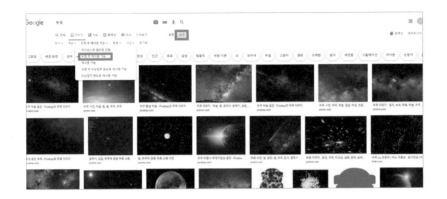

TIP 03 이미지를 쉽게 배치하는 방법

　이미지 크기를 어중간하게 배치하는 것보다 양쪽 여백이 남지 않도록 슬라이드에 꽉 채워주세요. 학습자는 강의교안의 이미지를 훨씬 크고 생동감 있게 느낍니다.

BEFORE

슬라이드에 사진을 빈틈없이 꽉 채우는 것만으로도, 이미지가 시원하게 보이지 않나요? 그런데 이미지 위에 바로 텍스트를 쓰면 배경 색상 때문에 텍스트의 가독성이 떨어집니다.

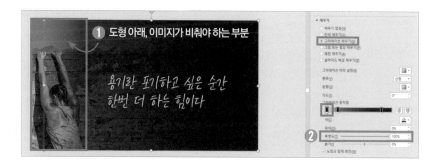

이때 이미지 위에 그라데이션을 넣은 사각형을 넣고 텍스트를 쓰면 본문 내용일 잘 보입니다. 기억해야 할 것은 ❶ 이미지가 비쳐야 할 부분, ❷ 그 지점의 그라데이션 중지점에 투명도를 100% 주는 것입니다.

이러한 디자인은 강의교안에 자주 쓰는 패턴으로 제작 방법을 알아 두면 유용하게 활용할 수 있습니다.

TIP 04 🖱 이미지 트리밍 (자르기)

원본 이미지의 자르는 부위에 따라 한 장의 이미지로 여러 장의 이미지
처럼 표현할 수 있습니다.

이미지의 모서리를 당겨 늘리면, 아래에 슬라이드가 비쳐서 잘리는 부
분을 파악하기 쉽습니다. 이미지를 쭉 늘린 후 **이미지를 클릭합니다.**

상단 메뉴가 [그림서식]으로 선택됩니다. [자르기] 클릭합니다.

검은 영역은 잘려서 사라집니다.

이미지에 생성된 자석 모양을 조절하여 자르고 싶은 영역만큼 남깁니다. 선택이 완료되면 ESC 키를 누르세요. 사진이 선택부분만 잘립니다.

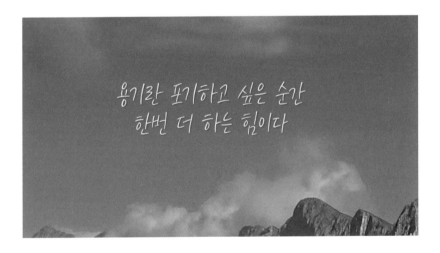

용기란 포기하고 싶은 순간
한번 더 하는 힘이다

이미지의 인물 부분은 자르고 하늘만 남겨서 잘라보았습니다. 원본 이미지와 완전히 다른 느낌을 줍니다.

이미지의 인물을 작게 보이도록 잘라보았습니다. 위에 이미지와는 다른 사진처럼 보이지 않나요? 이렇게 사진 한 장도 트리밍 방법에 따라 여러 장의 사진처럼 다양하게 활용할 수 있습니다.

TIP 05 이미지 속 텍스트 삽입

이미지 안에 텍스트를 배치하면 말하고 싶은 내용을 직접적으로 시각화할 수 있습니다. 그런데 이미지 안에 텍스트를 배치할 때는 텍스트의 위치와 가시성을 신중하게 고려해야 합니다. 가장 중요한 것은 **텍스트가 눈에 잘 보이면서 이미지와 자연스럽게 어우러져야 한다는 것**입니다.

이미지 위에 텍스트를 그대로 쓰면 복잡한 배경 색상 때문에 텍스트의 가독성이 낮아집니다.

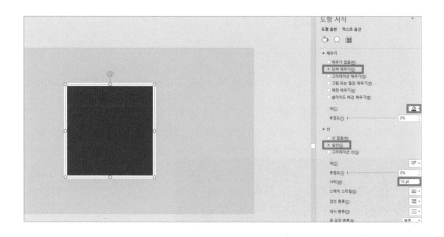

이미지 위에 정사각형(단색 채우기 와인색, 실선 흰색 10pt)을 삽입하고 그 안에 텍스트를 써주세요. 도형의 색상과 테두리 선의 색, 너비는 이미지 따라 잘 어울리게 설정하시면 됩니다.

이미지 위에 도형을 얹고 텍스트를 삽입했습니다. 이미지가 주는 느낌을 살리면서 텍스트의 가독성도 돋보이게 하였습니다.

다른 방법도 있습니다.

[이미지 크기와 동일한 크기의 사각형을 이미지 위에 삽입] ➡ [도형에 검정 단색 채우기] ➡ [투명도 조정] (사진을 보고 투명도를 적절히 조절하세요. 여기서는 30%로 설정했습니다.)

투명도를 설정한 사각형 위에 텍스트를 작성하시면 완성됩니다. 이렇게 이미지와 도형 위에 텍스트를 작성하면 가시성이 좋은 디자인을 완성할 수 있습니다.

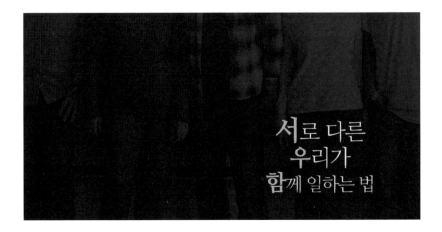

이미지 위에 텍스트를 바로 쓰지 않고 그라데이션 도형을 올려서 배경의 선명도를 낮춰줍니다. 이미지 속 여성의 바지 색상에서 힌트를 얻어, 붉은색 그라데이션 도형을 추가했습니다.

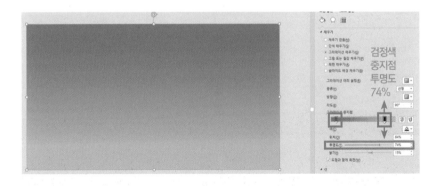

그라데이션 중지점 2개 모두, 적절하게 투명도를 넣어주는 것을 잊어서는 안됩니다.

마지막으로 [행복은]으로 시작되는 **1**번 텍스트 상자에도 [단색채우기]
➡ [검정색, 투명도 23%]를 넣었습니다.

자, 이미지와 텍스트가 잘 어우러지는 디자인을 완성했습니다.

이미지와 그라데이션 도형의 색상만 바꾼 디자인을 하나 더 살펴보겠습니다.

도형의 그라데이션 색상은 배경 이미지와 유사하게 선택하여 완성했습니다.

한 슬라이드의 이미지 개수는 최소화

교수자는 상황의 심각성을 알려주고 싶은 마음에 더 많은 사진을 보여주고자 합니다. 6장의 이미지를 1개의 슬라이드에 넣었는데, 안타깝게도 학습자는 한 번에 6장의 이미지 정보를 수용, 처리하기 매우 어렵습니다. 6장의 이미지는 크기도 각각 다르고 정렬도 되어 있지 않아서 산만한 느낌마저 줍니다. 더욱이 이미지의 크기가 작아서 학습자의 눈에 잘 들어오지 않을 수 있습니다. 교수자의 의도가 학습자에게 효과를 발휘하지 못하는 경우입니다. 이럴 때는 **한 번에 1장의 이미지를 크게 보여주는 것이 확실하게 정보를 전달할 수 있습니다.** 여러 장의 이미지를 함께 보여주고 싶더라도 최대 3장이 넘으면 과감하게 슬라이드를 추가하는 것을 제안합니다.

이미지를 슬라이드에 꽉 채워 한 장씩 보여줄까요?

마지막 사진에는 핵심 메시지를 씁니다.

심각성을 텍스트로만 표현하는 것보다 이미지와 함께 보여주는 것이 훨씬 효과적이므로 한 슬라이드에 1장의 사진을 꽉 채웠습니다. 총 3장의 이미지를 3개의 슬라이드에 넣고, 부정적인 느낌을 주기 위해 사진을 흑백 처리했습니다. 사진을 흑백으로 만드는 방법은 [사진 삽입] ➡ [사진 더블 클릭] ➡ [그림 서식] - [색] - [색채도]에서 변경 가능합니다.

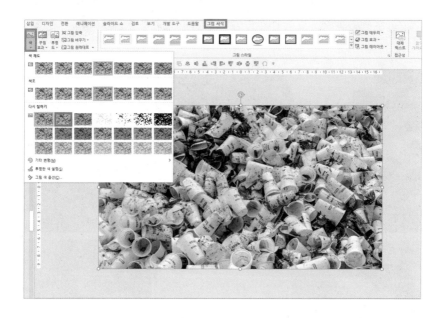

TIP 07 이미지의 배경을 깔끔하게 지우는 팁

이전에는 이미지의 배경을 제거하기 위해 포토샵을 주로 사용했습니다. 최근에는 MS 파워포인트의 기능이 개선되면서 정교하지 않더라도 이미지 배경 제거 기능을 사용할 수 있습니다. 그리고 놀랍게도 웹 사이트인 remove.bg에서는 이미지를 업로드만 하면 바로 배경이 제거된 사진을 다운 받을 수 있게 되었습니다. 회원가입을 하고, 유료로 사용하면 고해상도로 이미지를 저장할 수 있지만, 회원가입 없이 무료로 사용해도 충분합니다.

배경을 제거할 이미지에서 [마우스 클릭] ➡ [이미지 복사] 선택

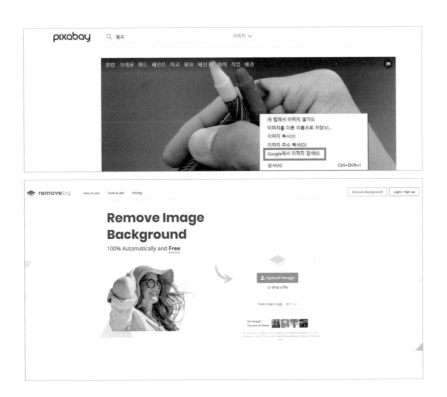

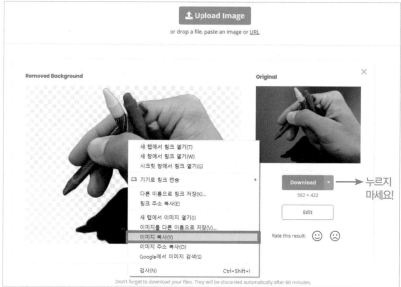

[마우스 클릭] ➡ 이미지 복사, 파워포인트를 열고 ➡ [ctrl+v] 붙여넣기 합
니다.

04 이미지

픽토그램

픽토그램은 정보와 감정을 단순화하여 표현합니다. 주로 직관적인 의미를 담고 있는 픽토그램이 많지만 최근에는 은유적으로 재미있게 표현된 픽토그램도 쉽게 찾아볼 수 있습니다. 픽토그램을 활용한 정보의 시각화는 문자보다 재미있게 정보를 전달하기 때문에 교수자가 적절하게 활용한다면 강의교안의 분위기를 다양하게 만들 수 있습니다.

TIP 01 픽토그램 활용

픽토그램은 이미지와 마찬가지로 저작권을 정확하게 알고 사용하는 것이 중요합니다.

플랫아이콘 http://www.flaticon.com/
- 다양하고 퀄리티 우수한 픽토그램 보유
- **비상업적** 출처 표기후 무료사용 가능
- **상업적** 저작권 구매 필요, 1년 약 99달러

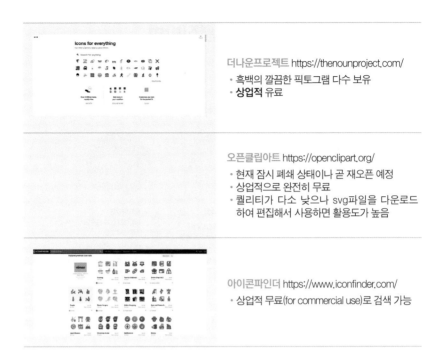

더나운프로젝트 https://thenounproject.com/
- 흑백의 깔끔한 픽토그램 다수 보유
- **상업적** 유료

오픈클립아트 https://openclipart.org/
- 현재 잠시 폐쇄 상태이나 곧 재오픈 예정
- 상업적으로 완전히 무료
- 퀄리티가 다소 낮으나 svg파일을 다운로드
  하여 편집해서 사용하면 활용도가 높음

아이콘파인더 https://www.iconfinder.com/
- 상업적 무료(for commercial use)로 검색 가능

픽토그램을 수정 없이 그대로 사용할 때는 픽토그램 사이트에서 확장자가 PNG 파일을 다운로드하여 삽입하면 됩니다. [Flaticon에 접속] ➡ 가운데 검색창에 영어로 [키워드 검색] ➡ 원하는 [픽토그램을 클릭] ➡ [확장자 PNG] 선택 ➡ [Free download 클릭]하면 다운로드가 완료됩니다.

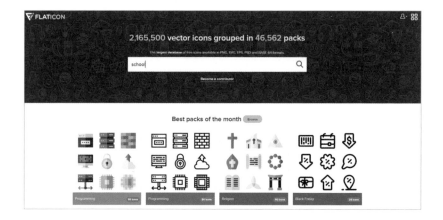

픽토그램을 나만의 스타일로 수정하여 사용할 때는 파워포인트에서 픽
토그램을 분해하거나 결합하여 수정하면 됩니다. 파워포인트의 버전마다
픽토그램을 분해하여 수정하는 방법이 다르기 때문에 먼저 현재 가지고
있는 파워포인트 버전을 확인합니다.

메뉴 [파일] ➡ [계정]을 클릭하면 오른쪽 [제품 정보]에서 버전을 확인
할 수 있습니다. 자, 본인의 파워포인트 버전을 확인하셨다면, 버전에 따른
픽토그램 수정 방법을 알아보겠습니다.

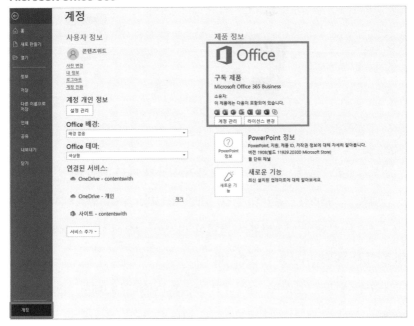

Microsoft Office 365 버전은 매월 파워포인트 사용 비용을 지불하는 구독형입니다. 이 구독형 서비스는 **아이콘 직접 삽입**이라는 아주 유용한 기능을 제공합니다.

[삽입] ➡ [아이콘]에서 아이콘을 바로 삽입할 수 있습니다. 픽토그램 사이트에서 제공하는 것처럼 종류가 다양하지는 않지만 꽤 유용한 아이콘이 많습니다.

중요한 것은 이 아이콘들을 도형처럼 색상 변경을 할 수 있다는 것입니다.

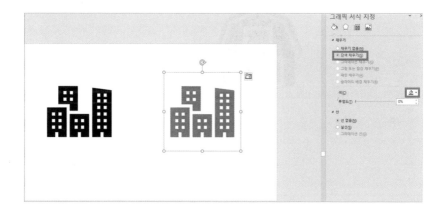

파워포인트에서 삽입한 픽토그램뿐만 아니라, 웹에서 다운로드한 SVG 픽토그램 파일도 쉽게 내 마음대로 편집할 수 있습니다.

픽토그램 확장자 SVG 파일 활용방법을 살펴보겠습니다.

1 픽토그램 다운로드 사이트에서 확장자 SVG 파일 다운로드

2 파워포인트 [삽입] ➡ [그림]에서 픽토그램을 삽입

3 삽입한 픽토그램을 [클릭] ➡ [그래픽 서식] 선택 ➡ [도형으로 변환] 클릭 ➡ 팝업창에서 [예] 선택

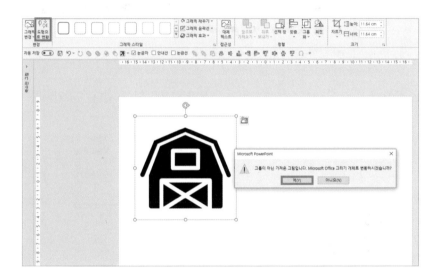

❶번, ❷번 2개의 픽토그램이 있다면 각각 도형으로 변환하세요. 그리고 원하는 대로 픽토그램을 부분적으로 결합하고 색상을 변경하면 ❸처럼 자유롭게 표현할 수 있습니다.

Powerpoint 2016, 2013, 2010

위 버전은 파워포인트에 SVG 파일의 직접 삽입이 불가합니다. 조금 번거롭지만 무료(상업적 사용 가능) 유틸리티 잉크스케이프(Inkscape)를 사용하여 파일의 확장자를 변경하면 가능합니다.

1 잉크스케이프를 다운로드하고, 설치합니다.

https://inkscape.org/ko/release/inkscape-0.92.4/

2 픽토그램 다운로드 사이트(www.flaticon.com)에서 SVG파일을 다운로드 합니다.

3 잉크스케이프 실행

파일 열기 (단축키 Ctrl + O) : 다운로드한 SVG파일 열기

다른형식으로 파일 저장하기 (단축키 Ctrl + Shift + S) : **파일형식 EMF 선택**

➡ 저장

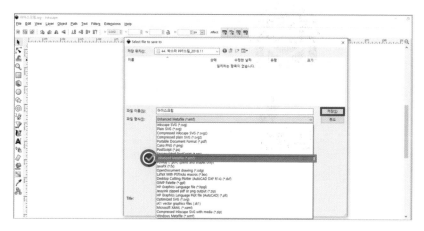

4 파워포인트 실행

    [삽입] － [그림] EMF파일 삽입

   내 컴퓨터에서 EMF파일은 미리보기가 되지 않습니다. 파일 아이콘이

이러한 형태로 보입니다.

5 파워포인트에 삽입된 파일은 그룹해제 단축키 [Ctrl + Shift + G]를 2번 하면 분리됩니다.

텍스트로 가득한 강의교안보다 픽토그램을 적절하게 활용하면, 학습자는 교수자가 전달하려는 의미를 직관적으로 쉽고 빠르게 이해할 수 있습니다.

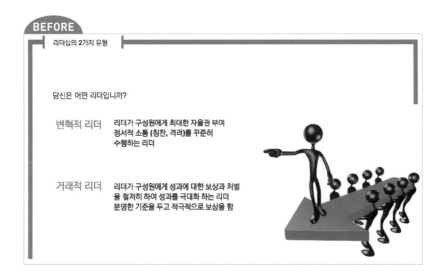

TIP 03 픽토그램 VS. 이미지

사실감을 단순화시킨 벡터 기반의 그래픽(픽토그램)은 인포그래픽과 같은 정보 디자인에 많이 활용됩니다. 인포그래픽처럼 직관적인 정보를 전달할 수 있지만 이미지와 비교하면, 정적이고 감성이 떨어지는 특성을 가지고 있습니다. 반면, 이미지(사진) 기반 디자인은 좀 더 사실적이고 흥미를 불러 일으킵니다. 이런 특성들을 이해하고, 교수자의 목적에 맞추어 적절하게 사진 또는 픽토그램을 활용하면 됩니다. 벡터 기반의 픽토그램은 주로 [정보 전달] 강의교안에, 이미지(사진) 기반은 [설득]을 목적으로 할 때 사용하시면 효과적입니다.

여러분은 픽토그램과 이미지 중에서 무엇을 선택할 지 결정하셨나요?

꼭 한가지만 정해서 강의교안을 디자인할 필요는 없습니다. 학습자의 흥미를 유발하여 정보에 대한 기억을 높일 수 있다면 두 가지 모두 적절하게 사용하는 것이 더욱 효과적일 것입니다.

정보형 메시지(픽토그램)	정보 전달 지향, 정확하고 분명한 전달의 기능 중시
설득형 메시지(이미지)	정보 전달 + 사용자의 이해 ➡ 태도나 행동의 변화 유도

학습자를 설득하고, 감정적으로 호소하는 내용은 픽토그램 보다 사실적
인 이미지가 효과적입니다.

전달하는 메시지가 사실적인 이미지를 사용했을 때, 사람들은 더 감성

적으로 확실하게 정보를 받아들입니다. 여기서 텍스트에 이탤릭 효과는 신중하게 쓰자고 말씀드렸는데, 이 강의교안에서는 심각성, 경각심을 살리기 위해 의도적으로 이탤릭을 사용했습니다.

05 픽토그램

가시성 좋은 강의교안의 사소한 디테일

TIP 01 학습자를 위한 네비게이션

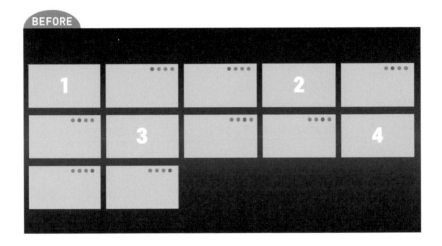

파트를 분리하는 경우에는 학습자의 눈에 확 띄게 디자인하여 시각적으로 확실하게 분리시켜야 합니다. [아… 이제 다음 단계로 진입하구나!] [이런 내용과 저런 내용이 연결되는구나!]와 같이 학습자가 명확히 인식할 수 있도록 도와주세요.

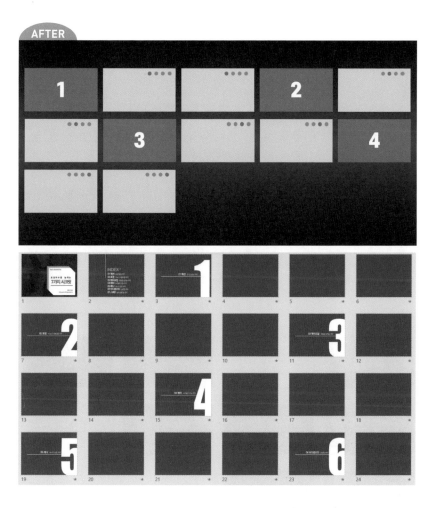

실제 강의교안의 일부입니다. 챕터를 번호로 나누면서 명확한 색상을 사용하여 학습자들이 시각적으로 분명하게 인지할 수 있게 하였습니다.

일관성9: 변화1 법칙

　전체 슬라이드의 글꼴, 색상, 도형 등을 통일감 있게 사용하면 학습자는 일관성을 느끼게 되고 시각적으로 안정적인 정보를 제공할 수 있습니다. 그렇다고 모든 것을 일관성 있게 적용하면 다소 지루해집니다. 일관성을 90% 유지하세요. 10% 변화로 일관성을 과감히 비틀어주세요. 변화를 포인트처럼 적재적소에 넣어 단조롭지 않게 디자인하면, 더욱 흥미를 끌고 집중하게 만듭니다. 우수한 강의교안은 일관성과 변화가 함께 공존합니다. 교수자에게 필요한 것은 [같음]과 [다름]을 조화롭게 선택하는 것입니다.

★ 의도적 변화!

　반복해서 사용하는 기본 슬라이드는 아래와 같이 제목 + 본문내용으로 구
성되어 있습니다. 그러나 슬라이드 전체에 이미지와 텍스트를 넣는 형태로
기본 디자인을 벗어나는 슬라이드를 추가해서 의도적으로 변화를 줍니다.

〈기본 슬라이드〉

화살표 사랑

　강의교안의 슬라이드에서 본문 내용을 작성할 때, 형용사, 부사, 서술어는 가능한 생략하여 간결하게 작성합니다. [~로], [~으로], [~을 통해서], [~에서]와 같은 조사를 빼고 [→], [⇨] 화살표로 대체하면 텍스트의 군살을 제거할 수 있습니다.

　화살표를 적절하게 삽입하면 텍스트 숫자를 줄임으로써 더 간결한 표현을 할 수 있습니다.

화살표는 강의교안 디자인에서 자주 사용하는 기호입니다. 아래와 같이 입력하면 빠르게 화살표를 삽입할 수 있습니다. [삽입] ➡ [기호]에서 삽입하는 화살표보다 심미적으로 우수해 보입니다.

화살표 외에 기호를 빨리 입력하려면, 마우스 커서를 두고, Alt + N + U를 누릅니다.

TIP 04 : 불필요한 기호 삽입 자제

[괄호 ( )], [콜론 :], [세미콜론 ;], [말 줄임 기호 …]를 절대 사용해서는 안 된다고 말하는 것은 아닙니다. 불필요한 기호들을 많이 사용하면 가장 중요한 텍스트의 가시성이 떨어질 수 있습니다. 학습자가 텍스트를 보고 정보를 인식하고 처리하는 과정에서 방해를 받을 수 있다는 의미입니다. 불필요한 기호는 가능한 생략하고 최소한만 사용합니다.

BEFORE 기호가 많아 알아보기 힘듬

커뮤니케이션 개요

사전에는...
1) 전달, 보도(함);(열 등을) 전함, 전도; (병의) 전염
2) 통신(correspondence), (전달되는) 정보, 교신 ; 편지, 교환
3) 교통(기관), 교통 수단, 상호 이해; 편지,전갈(message)
4) 전달하다, 주다(give), 연결하다(be connected)
넓은의미 : "상징체계를 통한 의미의 전달"

내가 정의하는 커뮤니케이션은 _____ 이다.

각종 기호가 너무 많아서 중요 키워드가 잘 눈에 띄지 않고 구별하여 읽기가 힘듭니다. 불필요하다고 여겨지는 기호를 다 없애 볼까요? 키워드와 키워드 사이 [쉼표]도 삭제하고 [슬래시]로 대신했습니다. 물론, 일반 도서나 인쇄물은 쉼표를 쓰는 것이 더 나을 수도 있지만 강의교안 슬라이드에서는 연한 회색의 슬래쉬로 처리하면 중요 키워드가 더 눈에 잘 띌 수 있

습니다. 슬라이드도 2장으로 나누어서 디자인했습니다. 첫 슬라이드는 커뮤니케이션의 일반적인 정의와 의미를 살펴보고, 두 번째 슬라이드에서는 나만의 정의를 찾는 활동이 이어집니다. 슬라이드를 구분하는 목적은 딱 1가지입니다. 제공하는 정보의 명확화!

AFTER 최소한의 기호만 사용하고, 슬라이드를 2장으로 나눔

커뮤니케이션

사전 정의
- 전달 / 보도 / 열등을 **전함** / 전도 / 병의 **전염**
- 통신 correspondence / 전달되는 **정보, 교신**
- 교통 수단 / 상호 이해 / 편지
- 주다 give / **연결하다** be connected

넓은 의미
상징체계를 통한 **의미의 전달**

내가 정의하는 커뮤니케이션은
(   ) **이다.**

06 가시성 좋은 강의교안의 사소한 디테일

강의교안
디자인 패턴 5

TIP 01 🔊 **직관적인 전달을 위한 디자인**

본문 내용을 설명하기 위해 픽토그램이나 이미지를 삽입할 때 그 위치를 잘 선택하는 것이 중요합니다. 픽토그램을 슬라이드 빈 여백에 덩그러니 두는 것보다는 학습자가 인지하기 쉽도록 본문 내용과 바로 연결되는 곳에 배치하는 것이 효과적입니다.

보험사 사내 교육의 강의교안을 재구성해보았습니다. 암, 뇌, 심장 3개의 주요 키워드가 있고 이를 보여주는 픽토그램 3개가 나란히 삽입되어 있습니다. 픽토그램의 삽입 효과를 제대로 나타내려면 픽토그램의 배치를 변경해야 합니다. 픽토그램을 키워드와 인접하게 배치해보겠습니다.

꼭 필요한 텍스트 중에서 [업계최고 수준]의 진단비 금액을 강조해서 표현했습니다. 그리고 픽토그램의 위치를 키워드와 맞게 배치했습니다. 학습자가 키워드와 텍스트를 의식적으로 매칭하지 않아도 직관적으로 쉽게 이해할 수 있습니다.

프로세스 디자인

4단계의 프로세스를 보여주는 강의교안입니다. 각 단계를 도형으로 묶어주면 더 눈에 잘 띄고, 4단계를 명확하게 구분할 수도 있습니다.

각 단계를 도형으로 묶어주었습니다. 학습자는 도형이 4개가 있는 것을 보면서 4단계가 있음을 무의식적으로 인지할 수 있습니다. 프로세스와 같이 각 단계가 구분되어 있는 것을 표현할 때는 도형으로 묶어 주시면 더 효과적입니다. 이때 화살표도 다양하게 사용해보시면 다채로운 디자인을 할 수 있습니다.

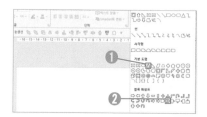

❶ 삼각형 두 개를 옆으로 돌려서 화살표를 만들 수 있고, ❷ 갈매기 모양의 화살표 2개로 화살표를 표현할 수도 있습니다.

TIP 03 이미지 + 텍스트 디자인

이미지와 텍스트를 결합할 때 이미지 선택에 신중합니다. [오늘의 행복을 내일로 미루지 말아요] 메시지와 함께 그 감정을 전달할 때 다소 유치한 아이콘을 넣으면 메시지 전달 효과가 반감될 수 있습니다.

유치한 픽토그램을 지우고, 메시지를 잘 표현하는 이미지를 넣었습니다.

TIP 04 ✨ 비교, 대조 디자인

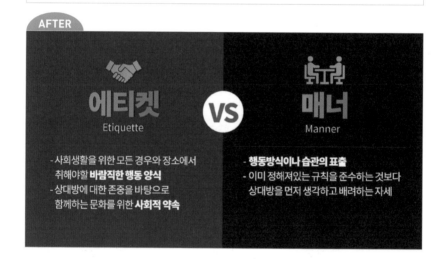

2가지 이상의 개념을 비교, 대조하여 설명할 때는 개념 간 구분이 명확할 수 있도록 디자인합니다. 슬라이드 전체를 반으로 나누어서 비교하는 것이 일반적입니다. 적절한 픽토그램도 함께 배치했으며, 본문 내용 중 강조할 내용은 Bold로 두껍게 처리하였습니다.

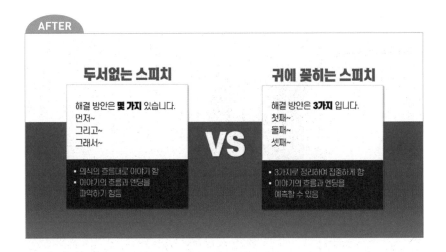

다른 방법으로, 사각형 박스 안에 넣어서 비교할 수도 있습니다.

TIP 05 숫자를 강조한 디자인

숫자를 크고 두껍게 강조하는 것만으로도 학습자의 시선을 사로잡을 수 있습니다.

BEFORE

SB손해보험 마이카플랜

- 자동차사고부상보장 20만 → 35만
- 상해후유장해(3%~100%) 최대 3억 (업계 최고 수준)
- 화상/상해보장/골절 합산 750만 보장

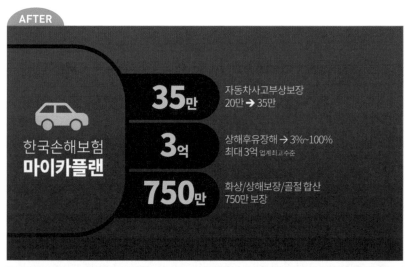

이렇게 숫자를 먼저 보여주면 그 의미에 대해 학습자의 호기심을 유발할 수 있습니다. 학습자들에게 숫자가 의미하는 것을 질문함으로써 학습에 적극적인 참여를 유도할 수도 있습니다.

07 강의교안 디자인 패턴 5

강조 스킬 3가지

TIP 01 ✨ 텍스트 강조

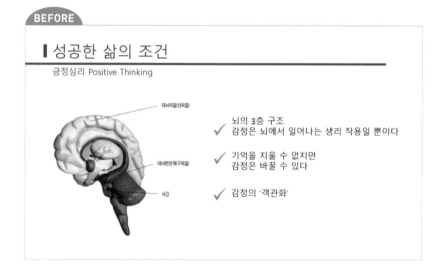

기존의 강의교안을 보면 약간의 아쉬움이 느껴집니다. 본문 텍스트의 강약이 약한 것인데요. 강조하는 키워드 중심으로 명확하게 힘을 줘보겠습니다.

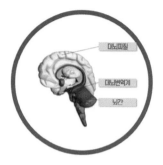

보라색, 노란색을 강조색으로 강약을 부여했습니다. 중요 키워드의 글꼴 크기를 크게 키우고, 색상을 넣고, Bold체를 사용해서 강약을 주었습니다. 기존 강의교안과 비교했을 때 눈에 더 잘 띄나요?

그러면 이제, 텍스트를 효과적으로 강조하는 4가지 방법을 정리해보겠습니다.

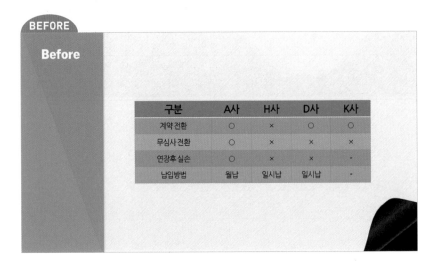

① **Bold로 텍스트를 굵게**
② **강조 색상 넣기**
③ **글꼴 사이즈 UP**
④ **텍스트를 사각형 안에**

TIP 02 표 강조

BEFORE

Before

구분	A사	H사	D사	K사
계약 전환	○	×	○	○
무심사 전환	○	×	×	×
연장후 실손	○	×	×	-
납입방법	월납	일시납	일시납	-

파워포인트에서 표를 그리면 이렇게 파란색의 표가 삽입됩니다. 표에는 숫자 또는 텍스트를 주로 작성하는데 파란색 음영이 있으면 학습자들이 내용을 볼 때 방해 요인으로 작용합니다. 그러므로 우리는 더 강조해서 보여주고 싶은 부분을 강조하고 그 외에는 약하게 만들어야 합니다.

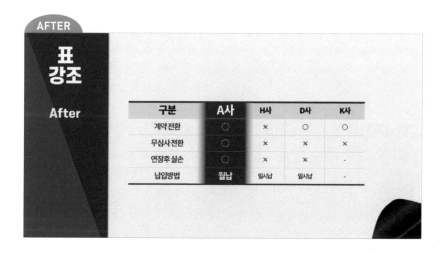

표에서 당사인 [A사]를 강조하였습니다. 우리 회사의 특징을 강조하기 위해 [H사], [D사], [K사]를 비교군으로 활용했습니다.

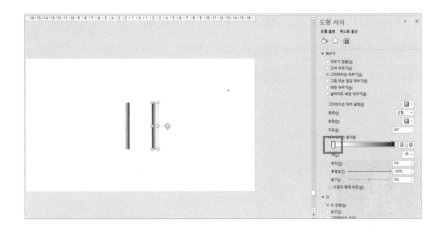

파워포인트 표 자체에 이렇게 강조하는 기능이 있는 것은 아닙니다. 강조하는 셀에 [색상을 넣고], 셀 양옆에 [사각형 도형 2개를 삽입]하여 [그라데이션 채우기]를 하면 됩니다.

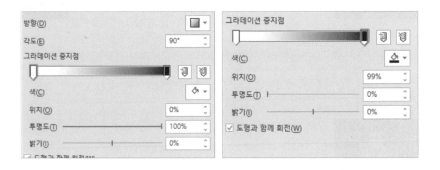

그라데이션의 중지점은 2개만 남기고 흰색 중지점은 투명도를 100%로 설정합니다. 네이비색 중지점은 투명도를 0%로 설정하고 강조하는 셀 양옆에 붙이면 특정 셀을 강조할 수 있습니다.

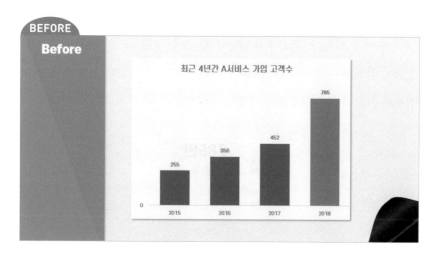

강의교안에 그래프를 추가한다면 이것을 꼭 점검해보세요. 학습자가 이 그래프를 5초 이내에 이해할 수 있을까?

그래프에서 전체를 다 보여주는 것보다 강조하는 핵심이 잘 드러나도록 표현해주세요.

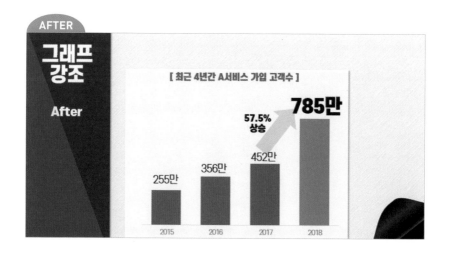

막대그래프 4개 중에 가장 중요한 막대에만 강조 색을 넣습니다. 나머지 막대는 회색을 넣어 힘을 뺌으로써 [약]으로 보이게 만들었습니다. 그래프에서 수치의 단위는 반드시 표기해야 하는데, 일반적으로 단위는 오른쪽 상단에 삽입하는 경우가 많습니다. 그러나 단위를 레이블 값(수치)에 바로 입력해주면 더 직관적으로 보여줄 수 있습니다.

그래프에서 강조하는 메시지를 직접 표현하면 그래프의 의미가 더욱 분명해집니다.

08 강조 스킬 3가지

TIP 01 텍스트 강조

TIP 02 표 강조

TIP 03 그래프 강조

강의교안 디자인에
영감을 주는 사이트

강의교안을 디자인할 때 참고 자료와 디자인 소스를 찾기 위해 아마도 [PPT]를 검색어로 많이 찾아보셨을 겁니다. 이제는 [PPT] [파워포인트]보다 [인포그래픽]으로 검색해보세요. 강의 콘텐츠를 보다 효과적으로 전달할 수 있는 다양한 아이디어를 얻으실 수 있습니다. 특히, 강의주제 + 인포그래픽 또는 강의주제 (영어) + infographics 라고 검색해보시면 더 구체적인 아이디어를 발견할 수 있습니다.

강의주제 + 인포그래픽

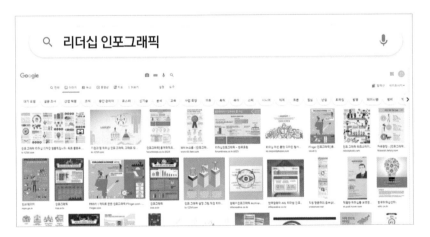

또는 강의주제 + 인포그래픽을 영어로 검색해볼까요?

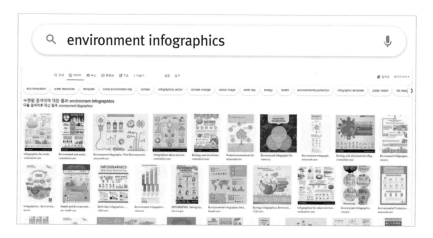

시각적인 표현 아이디어를 더 많이 얻고 싶다면 다양한 디자인을 모아둔 **핀터레스트**, 전문적인 인포그래픽 자료를 제공하는 **조선닷컴, 인포그래픽스.kr, 비주얼 다이브**를 참고해보세요.

핀터레스트	https://www.pinterest.com/ PPT디자인, 교육에 사용하는 툴킷 아이디어를 검색하기 좋은 곳
조선닷컴	http://thestory.chosun.com/
인포그래픽스.kr	http://www.xn--2i0bo6po8igzep4r30b.kr/
비주얼 다이브	http://visualdive.co.kr/

교수자는 전달하고 싶은 학습내용을 구조화하여 강의교안에 담아야 합니다.
학습자는 교수자의 설명과 구조화된 강의교안을 통해 머릿속에서 정보를 통합하고
분해하는 과정을 수월하게 진행할 수 있습니다. 이것이 학습자가 학습내용을
직관적으로 볼 수 있도록 도와주는 도식화 학습입니다.

CHAPTER 02
직관적으로 한눈에 볼 수 있는 것,
도식화

학습자는 교수자의 설명과 더불어 강의교안을 보며 학습의 이해도를 높입니다. 교수자는 학습효과를 향상시키기 위해 강의교안을 충실히 만들어서 강의 준비를 합니다. 그중에서 교수자의 특성상 강의교안에 쉽게 적용할 수 있는 것이 이번 장에서 다루는 도식화입니다. 교수자는 전문지식을 가지고 있는 경우가 대부분이기 때문에 학습자에게 전달하려는 내용이 명확합니다. 전문지식을 풀어서 학습자들에게 알려주므로 도식화를 위한 구조화 과정을 이미 머릿속에 갖추고 있는 경우가 많습니다. 그런데 교수자 중에서 학습내용의 텍스트나 이미지를 구조화를 하지 않고 교수자의 강의 텍스트 날 것 그대로 강의교안에 넣는 경우가 있습니다. 교수자가 강의시간에 설명하는 말 그대로 강의교안에 반영하게 되면 학습자는 그것을 확인하는 순간 집중력을 잃는 경우가 많습니다. 굳이 교수자의 목소리를 듣지 않더라도 강의교안이 넘어갈 때마다 텍스트를 읽고 학습활동을 끝내 버리기 때문입니다.

교수자는 전달하고 싶은 학습내용을 구조화하여 강의교안에 담아야 합니다. 학습자는 교수자의 설명과 구조화된 강의교안을 통해 머릿속에서 정보를 통합하고 분해하는 과정을 수월하게 진행할 수 있습니다. 이것이 학습자가 학습내용을 직관적으로 볼 수 있도록 도와주는 도식화 학습입니다.

그렇다면, 학습자가 직관적으로 볼 수 있도록 도와주는 도식화는 어떤 특징을 가지고 있을까요?

도식화의 특징

- 고민할 필요 없이 쉽다
- 한눈에 들어온다.
- 빠르게 이해된다.

학습자는 강의교안을 보면서 위의 3가지 특징을 머릿속에 떠올릴 수 있어야 합니다. 즉, 강의교안의 개별 슬라이드와 전체 슬라이드의 연결에서 학습자가 직관적으로 핵심 메시지를 함께 떠올릴 수 있는 것입니다. 그렇게 하려면 **텍스트를 줄줄 읽게 하지 말고 보여주는 것이 가장 효과적입니다. 우리가 이미지를 볼 때 특정 감정과 정보를 얻는 것처럼 학습자들에게 메시지를 보여줘야 합니다.** 우리는 메시지를 보여주기 위해 이미지, 픽토그램, 글꼴, 색상 등을 활용할 수도 있지만 텍스트가 많은 교안에서 가장 효과적인 것은 도형을 사용하는 것입니다.

도형을 사용하여 텍스트를 구조화하는 것을 도식화 혹은 다이어그램이라고 말합니다. 그런데 한국에서는 도식화가 너무 형식적인 측면으로 치우쳐져 있어 많은 부작용을 겪고 있습니다. 도형으로 구조화를 하지 못하면 문서작성 능력이 떨어진다는 인식까지 있을 정도입니다. 이러한 분위기로 인해 사람들은 도식화를 만들면서 많은 스트레스를 받고 있으며 자신감을 보이지 못하고 있습니다.

그런데 도식화는 적절하게 사용하면 학습 내용을 전개하는 데 있어서 매우 효과적인 수단입니다. 도식화로 단순히 교안의 내용을 정리한다는 의미 이상을 학습자들에게 제공할 수 있는 것입니다. 학습자의 집중 수준을 높이거나 학습자와 적절한 커뮤니케이션을 하면서 과정을 진행하고자 할 때 도식화의 도형 단위로 내용을 보여주거나 강조할 수 있습니다. 학습자는 교수자가 전달하는 말과 더불어 교안을 보면서 도형 단위 혹은 도형 전체 그룹에서 **구조화된 내용을 파악**할 수 있습니다. 이렇게 교수자와 학습자에게 유용한 도식화를 강의교안에 적용하기 위해서 필요한 것은 단 한 가지입니다. 바로 도식화를 쉽게 만들 수 있는 방법을 찾는 것입니다.

- 텍스트마다 적절한 도형은?
- 메시지와 어울리는 도형은?
- 메시지의 전개를 위해서 필요한 도형은?
- 도형을 연결하는 방법은?

교수자로서 메시지를 전달하기 위한 텍스트는 있지만 어떤 도형을 사용할 것이며 어떻게 도형을 연결할 것인지를 선택하기는 사실상 매우 어렵습니다. 도식화가 익숙하지 않기 때문에 시간도 많이 걸릴 수밖에 없습니다. 그래서 대부분 도식화를 피하게 되고 스스로 도식화의 단점과 부정적인 면을 강조하게 되는 경향이 있습니다.

강의교안에서 교수자가 적은 시간으로 쉽게 표현하고 학습자들이 직관적으로 알 수 있게 하는 도식화의 원리는 없을까요? 시중에 나온 많은 도식화, 그림표현기법, 비주얼씽킹 도서를 통해서 원리를 배울 수는 있습니다. 그런데 결국 머릿속으로 이해는 되지만 적용하기에는 쉽지 않은 경우가 대부분입니다. 직접 도식화를 만들기가 어려운 이유를 분석해 보면 한 가지 결론을 도출해 낼 수 있습니다. 꼭 필요하다고 여겨지는 완성된 도식화 모형을 본다고 해서 우리가 강의교안을 만들 때 바로 적용하기는 어렵다는 것입니다. 완성된 도식화와 예제를 통해 우리는 책을 읽는 동안은 쉽게 이해할 수 있지만 실제로 적용할 때는 어떤 도식화를 선택해야 하는지를 결정하기 어려운 것입니다.

우리는 처음으로 돌아가서 스스로 도식화를 완성하는 방법을 알 수 있어야 합니다.

완성된 도식화에 텍스트를 맞추는 것이 아니라 교수자가 텍스트에 맞추어 도식화를 완성해야 합니다. 이 책에 나오는 도식화를 완성하는 원리는 한글에서 영감을 얻은 것입니다. 물론 한글 창제의 과학적인 방법과 같이 복잡하거나 어려운 것이 아닙니다. 한글에서 자음과 모음이 결합해서 글자가 완성되듯이 각기 다른 도형을 결합해서 도식화를 만들 수 있는 방법을 찾았습니다. 도형으로 도식화를 만드는 가장 중요한 원칙은 [쉬워야 한다]는 것입니다. 도식화를 쉽게 만들 수 있어야 [교수자들이 다양한 내용의 텍스트를 자유롭게 도식화로 표현할 수 있다]고 믿습니다. 특히, 도식화를 하고 싶은데 방법을 모르거나 도형으로 표현하는 것에 어려움을 겪는 분들께서 쉽게 따라 하실 수 있게 만들었습니다. 물론, 도식화를 자유롭게 하실 수 있는 분이라면 여기서 알려드리는 도식화 구성 원리를 덧붙여서 자신만의 원리를 구축해 보시기를 바랍니다. 이 장에서 소개되는 도식화의 원리는 절대적인 기준이 아닙니다. 여러 개의 길 중에서 저자가 발견한 지름길입니다.

TIP 01 도식화를 구성하는 원리: 도형 3 + 1

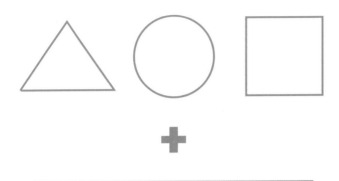

강의교안의 텍스트는 다양한 단어의 조합으로 표현되지만 도식화는 위의 삼각형, 원형, 사각형 그리고 선(화살)으로 만들 수 있습니다. 여기서 문제는 언제, 어떤 도형을 사용하는지를 결정하는 것입니다. 교수자는 학습 내용을 머리 속이나 텍스트 형식으로 가지고 있으며 그중에서 학습자에게 전달하고자 하는 메시지의 강약을 분명하게 알고 있습니다. 그러므로 우리는 학습내용을 만드는 것 이후의 활동인 강의교안에 표현하는 것만 집중하겠습니다.

우선, 강조되는 메시지를 도형에 담을 때 각 도형을 정하는 기준을 일관성 있게 적용하는 것부터 시작합니다.

각 도형을 선택하는 기준을 알기 위해 연습문제를 3개를 풀어보겠습니다.

핵심 메시지 A회사에서 일터혁신은 혁신성장으로의 가교 역할을 할 수 있습니다.

강의교안의 특정 슬라이드가 위의 문제1과 같이 A회사에 일터혁신을 해야 한다는 당위성을 강조하는 메시지를 담고 있습니다. 교수자는 핵심 메시지를 약 3~5분 동안 일터혁신에 대한 상세한 설명으로 학습자에게 전달하려고 합니다. 핵심 메시지를 먼저 언급하고 상세 설명을 말할 수도 있지만 상세 설명을 언급한 후 마지막 부분에 핵심 메시지를 강조할 수도 있습니다. 1장의 핵심 메시지 슬라이드와 여러 장의 상세 설명 슬라이드를 만든다고 하였을 때 문제1의 핵심 메시지를 세분화하면 쉽게 핵심 메시지 슬라이드의 도식화를 할 수 있습니다.

1단계 핵심 단어 세분화하기

가장 먼저 문제1의 핵심 메시지에서 중요한 단어를 찾아서 세분화합니다.

A회사에서 **일터혁신**은 **혁신성장**으로의 **가교 역할**을 할 수 있습니다.

| A회사 | 일터혁신 | 혁신성장 | 가교 역할 |

교수자와 학습자 모두 학습을 통해 변화해야 하는 주체가 A회사 라는 것을 알고 있기 때문에 A회사를 교안 슬라이드에 굳이 넣을 필요가 없습니다.

일터혁신   혁신성장   가교 역할

3단계   단어의 관계를 도형으로 변환하기

텍스트를 도식화하기 위해서 핵심 단어를 그것이 내포하는 의미와 가장 근접한 도형으로 변환하면 됩니다. 일반적으로 도형으로 변환되는 핵심 단어는 다른 핵심 단어의 관계를 내포하는 동사를 말합니다. 문제1의 경우 [일터혁신]으로 A회사의 [혁신성장]을 이루어 낼 수 있다는 메시지를 담고 있으므로 [가교 역할]이 도형으로 변환되기에 적합합니다. [가교 역할]의 의미를 들여다보면 특정 단계나 방향성을 내포하고 있음을 찾을 수 있습니다. 이와 같이 단계, 방향의 의미를 표현하고 있는 단어는 삼각형으로 나타내면 학습자에게 직관적으로 메시지를 전달할 수 있습니다.

일터혁신   ▶   혁신성장

※ 실제 강의교안 응용 사례

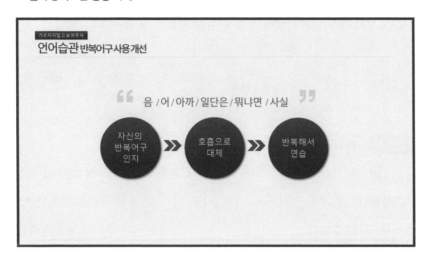

정리 1
도식화에서 단계, 방향을 나타내는 단어는 **삼각형**으로 표현할 수 있습니다.

문제 2
핵심 메시지 우리가 주목해야 할 4차산업 분야는 로봇, 인공지능, 빅데이터입니다.

강의교안에서 특정 대상에 대한 요소나 속성을 말하는 경우가 많습니다. 예를 들면, 마케팅에서 [3C는 고객, 경쟁사, 자사 3개의 요소로 구성된다]고 말하는 것을 들 수 있습니다. 문제2의 경우처럼 4차 산업 분야를 설명할 때 로봇, 인공지능, 빅데이터를 강조하기 위해 우리는 어떻게 도식화로 표현할 수 있을까요? 문제1과 같이 단계별로 차근차근 세분화하여 도식화를 만들어 보겠습니다.

1단계 **핵심 단어 세분화하기**

문제 2의 핵심 메시지에서 주요 단어를 세분화합니다.

| 우리 | 주목 | 4차
산업 분야 | 로봇 | 인공 지능 | 빅데이터 |

2단계 **불필요하거나 중복된 단어 제외하기**

단어를 제외할 때는 교수자와 학습자 모두가 알고 있는 것을 우선적으로 제외하면 됩니다. 여기서는 [우리], [주목]과 같은 단어는 불필요한 단어로 볼 수 있습니다.

| 4차 산업 분야 | 로봇 | 인공 지능 | 빅데이터 |

3단계 **단어를 도형으로 변환하기**

문제2의 핵심 메시지는 4차 산업 분야라는 대상의 로봇, 인공지능, 빅데이터 3가지 요소에 대해서 말하는 것입니다. 여기에는 문제1과는 다르게 다른 핵심 단어의 관계를 내포하는 동사가 존재하지 않습니다. 이런 경우에는 각 요소의 속성 수준(Level)이 일치 여부를 우선 확인하고 각 요소들이 개별적으로 존재하거나 단순 조합이면 원형을 선택합니다. 그런데 특정 대상과 요소들의 관계가 더 중요하게 여겨지거나 구조나 그룹의 모습을 펼쳐서 보여주는 것에 중점을 둘 경우에는 사각형을 선택하면 됩니다.

3-1단계: 원형

4차 산업 분야의 각 요소인 로봇, 인공지능, 빅데이터를 중점적으로 전달하고자 할 때

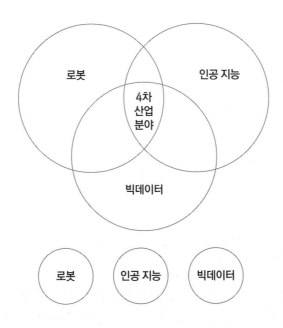

3-2단계: 사각형

4차산업 분야와 로봇, 인공지능, 빅데이터의 연결 및 전체 구조를 보여주고자 할 때

3-3단계: 원형과 사각형 혼합

전체와 개별 요소를 동일한 수준으로 보여주고자 할 때

※ 실제 강의교안 응용 사례

원형은 개별적이고 합쳐지는 의미를 전달하고자 할 때, 사각형은 구조나 그룹이 펼쳐지는 것을 나타낼 때 선택합니다.

핵심 메시지 문제는 바람직한 상태와 현재와의 차이를 말하며, 문제점은 문제를 발생시키고 있는 원인을 말합니다.

학습자에게 특정 개념이나 대상의 속성을 밝힐 때 자주 사용하는 것이 비교나 대조입니다. 유사한 속성을 드러내거나 차이 나는 속성을 분명히 밝혀서 학습자가 이해하고 기억하기 쉽게 만드는 것입니다. 문제3을 보면 문제와 문제점의 개념을 학습자에게 설명하고 있습니다. 많은 사람들이 일상생활이나 비즈니스를 하면서 문제와 문제점을 구분해서 사용하고 있지 않습니다. 그런데 기획 보고서를 작성할 때는 두 단어를 명확하게 구분해서 사용해야 합니다. 용어의 통일이 이루어져야 문서를 만드는 사람과 보는 사람 간의 커뮤니케이션의 최소 조건이 충족됩니다. 이처럼 두 단어를 비교하는 도식화는 어떤 도형을 사용할까요?

1단계 핵심 단어 세분화하기

문제 3의 핵심 메시지에서 주요 단어를 세분화합니다.

문제	바람직한 상태와 현재와의 차이	문제점	문제를 발생 시키고 있는 원인

　문제3의 주요 단어 중에는 불필요하거나 중복된 단어가 없어 2단계를 건너 바로 3단계로 넘어갑니다. [문제]와 [바람직한 상태와 현재와의 차이], [문제점]과 [문제를 발생시키고 있는 원인]은 용어의 정의이므로 용어의 개념이 펼쳐지는 것으로 볼 수 있습니다. 따라서, 사각형으로 표현해 보겠습니다.

문제	문제점
바람직한 상태와 현재와의 차이	문제를 발생 시키고 있는 원인

　그런데 각 용어와 개념이 한 개의 도형에 함께 있는 것보다 용어와 개념을 따로 구분하여 비교하는 것이 더 한눈에 들어오기 쉽습니다. 이럴 때는 선을 추가하여 구분하면 됩니다. 도형에 선을 추가하거나 기존 도형의 선을 삭제하여 새로운 모형을 만들 수 있는데 자세한 내용은 도식화 응용 시간에 확인할 수 있습니다.

문제	문제점
바람직한 상태와 현재와의 차이	문제를 발생 시키고 있는 원인

　만약에 각 용어의 개념이 펼쳐지는 것이 아니라 개별 용어의 개념만을 보여주고 싶은 경우에는 원형을 선택하면 됩니다. 물론 단순히 원형을 선호하는 경우도 있을 수 있습니다. 중요한 것은 자신만의 기준을 일관성 있

게 적용하는 것입니다.

원형에 선을 추가하면 용어와 용어의 개념이 보다 선명하게 돋보이게
됩니다.

그런데 원형과 사각형을 같이 사용하면 어떨까요?

도식화를 만들 때 도형 선택을 정해진 기준 없이 하게 되면 학습자들이
의미를 파악할 때 혼란스러워할 수 있습니다. 이 도식화를 보는 학습자는
문제와 문제점을 다른 도형으로 선택한 특별한 목적이 있다고 생각할 수
있습니다. 그리고 교수자가 특별한 이유 없이 다른 개념을 설명하기 위해
서 여러 도형을 기준 없이 선택한다면 디자인의 통일성을 떨어트리게 됩
니다. 디자인의 통일성은 학습자가 새로운 정보를 습득할 때 사용하는 인

지 비용을 줄일 수 있습니다. 정돈되어 있다는 느낌은 상대방에게 신뢰감을 줄 수도 있습니다. 따라서, 학습내용과 상관없이 통일성을 저하시키는 도식화 표현은 학습자가 학습 내용을 이해하고 기억하는데 부정적인 영향을 미칠 수 있으므로 신중하게 선택해야 합니다.

※ 실제 강의교안 응용 사례

비교나 차이를 보여주고 싶을 때는 동일한 도형을 선택하고 용어와 개념이 함께 들어가 있다면 선을 **추가하면** 됩니다.

※ 가위, 바위, 보

   삼각형, 원형, 사각형, 선으로 우리는 도식화를 만들 수 있습니다. 책에서 설명을 볼 때는 고개를 끄덕이지만 정작 사용할 때는 언제 어떻게 각 도형을 선택해야 하는지 헷갈릴 수밖에 없습니다. 도식화를 쉽게 만들기 위해서 더 쉬운 기준이 필요해 보입니다.

   삼각형, 원형, 사각형을 [가위], [바위], [보]로 연상하시면 도식화를 쉽게 만드실 수 있습니다. 스스로 가위, 바위, 보를 해보면서 읽으시고 꼭 한 번 만들어 보시면 빠르게 자신만의 기준을 만들 수 있습니다.

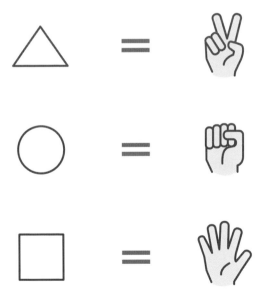

삼각형 = 가위 = 방향, 단계

삼각형과 [가위] 모두 뾰족합니다. 특정 방향을 향해 뾰족한 부분을 들이대면 우리는 직관적으로 그 방향을 향해 시선이 가게 됩니다. [가위]는 무언가를 자르기 위해 필요한 거라고 생각할 수도 있지만 우리는 용도가 아닌 모양을 떠올리면 됩니다. 방향과 단계를 표현하고 싶을 때는 뾰족한 느낌을 살려서 삼각형을 적용해 보세요.

원형 = 바위 = 속성, 조합

[바위]를 연상하면 커다란 크기의 돌이 떠오르지 않나요? 한 개의 개체가 덩그러니 있는 이미지가 연상될 텐데요. 가위, 바위, 보에서 [바위] 역시 주먹을 꽉 쥐는 형태인 원형을 가지고 있습니다. 주먹을 쥐는 모양은 무언가를 뭉치거나 개체 그 자체를 표현하는 것인데요. 특정 개체의 속성이나 여러 요소들의 조합을 표현하고 싶을 때는 자신감 있게 원형을 넣어보세요.

사각형 = 보 = 구조, 그룹

가위, 바위, 보에서 가장 열린 모양은 손가락을 쫙 펼치는 [보] 입니다. 사람마다 손가락의 크기가 다르지만 대부분 직사각형 모양을 연상할 수 있습니다. 정보를 나열하거나 펼치는 경우 [보]를 연상하시고 사각형을 적용하면 됩니다.

모든 도식화를 표현하기 위해서 필요한 도형은 삼각형, 원형, 사각형만 있는 것은 아닙니다. 하지만 도식화의 기본은 삼각형, 원형, 사각형으로 충분히 나타낼 수 있습니다. 더욱이 선을 추가하거나 도형끼리 연결하여 다채로운 도식화를 만들어 낼 수도 있습니다. 어떤 도형을 선택해야 할까요? 그것은 여러분의 선택에 달려 있습니다. 모든 경우의 수를 포괄하는 도형 선택 기준은 있을 수가 없으므로 우리가 해야 할 것은 선택한 도형을 강의 교안에 일관성 있게 적용하는 것입니다.

TIP 02 ✨ 다양한 도식화 만들기: 선 더하기, 빼기

우리는 도식화를 만들기 위해 기본 도형인 삼각형, 원형, 사각형을 그대로 사용할 수 있습니다. 더 복잡한 내용을 담기 위해서는 추가적인 도형이 필요합니다. 이를 위해서 선을 더하고, 빼는 방법을 사용해 보겠습니다.

첫째, 삼각형 + 선 = 방향성 + 단계

삼각형에 선을 추가하면 삼각형 안에서 상하관계를 나타내어 수준 차이를 보여줄 수 있습니다. 기본 도형인 삼각형이 가지는 의미인 방향과 단계를 확장시켜 삼각형 안의 내용들을 포괄하는 **목표의 방향성**을 표현할 수도 있습니다. 즉, **목표를 달성하기 위한 단계별 절차**를 알 수 있습니다.

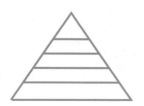

삼각형과 선의 결합으로 만들어진 이 모형으로 나타낸 도식화 중 가장 유명한 것은 매슬로우의 인간의 욕구 5단계입니다. 가장 아래에서부터 생리적 욕구, 안전 욕구, 사회적 욕구, 존경 욕구, 자아실현 욕구로 단계가 형성되어 있습니다. 위로 올라갈수록 상위 개념이 되는데 사람들은 이론을 듣고 모형을 보면 직관적으로 전체 방향성과 내용을 다시 한번 알 수 있게 됩니다. 이와 같이, 교수자가 강의 교안에서 개인 혹은 집단이 목표로 삼고 있는 것이 무엇인지를 명확하게 드러낼 때 삼각형과 선을 함께 사용하면 유용합니다.

> **정리 1**
>
> 교수자의 텍스트에 특정 목표를 달성하기 위한 단계를 나타내고 싶을 때나 수준 차이를 보여줄 때 삼각형과 선을 결합한 형태가 유용합니다.

※ 실제 강의교안 응용 사례

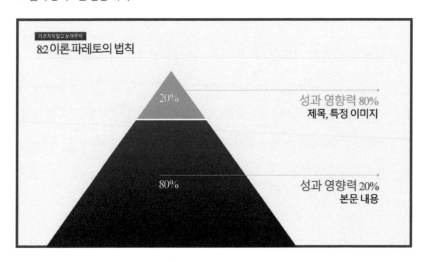

둘째, 원형 + 선 = 속성 + 관계/연결

　원형과 원형을 연결하면 특정 속성들 간의 결합 형태를 보여줄 수 있습니다. 결합 형태 중에 가장 흔하게 볼 수 있는 것이 [00 3요소]입니다. 색의 3요소, 음악의 3요소, 리더십의 3요소 등 3가지로 구성하는 개념을 쉽게 찾아볼 수 있는데요. 그 이유는 3 이라는 숫자에 있습니다. 3은 마법의 숫자라고 일컬어질 정도입니다. 3이라는 숫자로 교수자는 쉽게 구조화를 할 수 있고, 듣는 사람은 쉽게 기억하고 이해할 수 있게 됩니다. 그렇다면 교수자가 속성을 표현하기 위해서 원형을 사용할 때 각 속성 간의 관계를 보다 집중하기 위해서는 원형에 선을 이으면 됩니다.

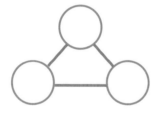

　위와 같이 원형을 위치시키고 선을 이으면 원형과 삼각형의 결합 형태처럼 보입니다. 3개의 실선을 원형에 연결하려면 정확한 위치에 두기 어려울 수도 있고 편집하면서 비뚤어질 수도 있습니다. 쉽게 표현하기 위해서는 원형 밑에 삼각형을 두면 됩니다. 이처럼 구성하는 요소 수에 따라 삼각형, 사각형과 같은 다각형을 아래에 두고 꼭짓점에 원형을 그리면 쉽게 나타낼 수 있습니다.

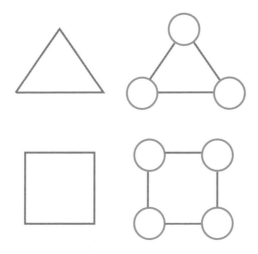

각 속성 간의 관계가 아니라 속성이 의미하는 시간의 흐름, 장소의 변경 등과 같이 절차에 따라 차례대로 나열하고 싶을 때는 아래와 같이 원형에 선을 이어주면 됩니다. 학습자는 왼쪽에서 오른쪽으로 차례대로 시선을 옮기게 되며 특정 개념이나 말하고 싶은 속성을 보다 쉽게 이해할 수 있게됩니다.

※ 실제 강의교안 응용 사례

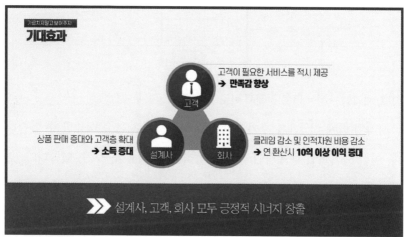

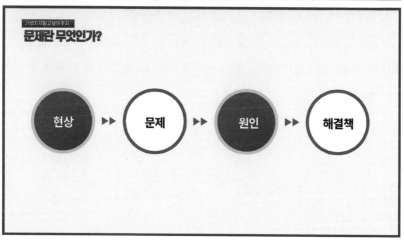

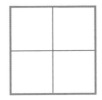

셋째, 사각형 + 선 = 그룹 안에서 비교

사각형 안에 선 2개를 추가하면 그룹 안에서 속성들을 비교할 수 있습니다. 이런 도식화의 대표적인 예로 조하리의 창 이론을 들 수 있습니다. 조하리의 창 이론은 왼쪽 위의 Open 영역, 오른쪽 위의 Blind 영역, 왼쪽 아래의 Hidden 영역, 오른쪽 아래의 Unknown 영역으로 구성되어 있습니다. 여기서 학습자는 영역의 수준에 따라 나를 공개하는 정도와 다른 사람의 의견을 수용하는 정도를 파악할 수 있습니다. 이와 같이, 4개의 속성이 1개의 그룹으로 형성되어 있고 각 속성의 수준을 비교할 때 유용하게 사용 가능합니다.

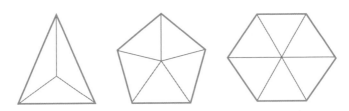

사각형뿐만 아니라 속성의 개수에 따라 다각형을 만들고 그 안에 선을 추가하면 그룹 안에서 비교를 할 수 있습니다.

예를 들어, 삼각형 안에 선을 추가하면 3개의 속성을 비교하거나 분석할 수 있습니다. 교수자는 시장조사를 위한 마케팅 기법 중 하나인 3C와 같이 고객^{Customer}, 경쟁자^{Competitor}, 자사^{Company}을 삼각형 내부에 두고 학습자에게 설명합니다.

※ 실제 강의교안 응용 사례

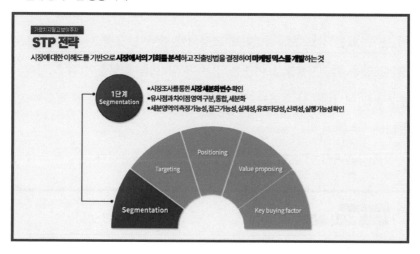

정리 3

사각형 안에 선을 넣으면 속성의 그룹 안에서 서로 비교하거나 대조를 할 수 있습니다.

TIP 03 도식화: 응용

1 페이지 혹은 여러 페이지

교수자가 다양한 도형으로 도식화를 만들 때 1페이지에 모두 들어갈 수도 있고 여러 페이지에 걸쳐서 나타낼 수도 있습니다. 교수자의 강의교안은 보고서가 아니므로 강의 전달 순서에 따라 도식화를 단계적으로 보여주면 됩니다. 그런데 실제 강의교안을 만들다 보면 모든 내용을 1페이지에 모두 쏟아 내는 경우가 많습니다. 1페이지에 많은 내용이 들어가게 되면 그것을 보는 학습자는 무엇이 중요하고 무엇이 중요하지 않은지를 판단하기 어려워합니다.

1페이지에 도식화를 표현하는 경우에는 교수자는 우선 학습자가 한눈에 볼 수 있는 정보량을 적절하게 조절해야 합니다. 그리고 파워포인트로 강의교안을 학습자에게 보여주는 경우, 강의 흐름에 맞추어 각 도식화의 부분들을 애니메이션 효과로 강조하거나 질의응답으로 내용을 채울 수 있습니다.

실제 강의에서 어떻게 적용할 수 있는지 살펴보겠습니다.

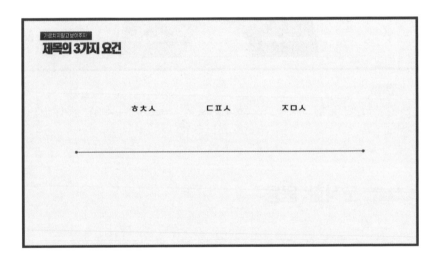

보고서를 작성하면서 우리가 신중하게 선택해야 하는 것이 바로 제목입니다. 이 제목을 정하기 위해서는 3가지 요건이 필요한데요. 앞에 초성으로 제가 힌트를 드렸는데 다 같이 맞춰보겠습니다. 첫 번째는 무엇일까요? 네. 맞습니다.

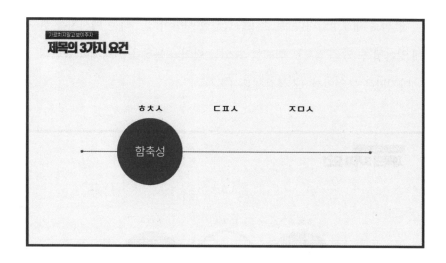

함축성입니다. 제목은 보고서의 전반적인 내용 혹은 핵심적인 내용을 담고 있어야 합니다.

두 번째는 무엇일까요?

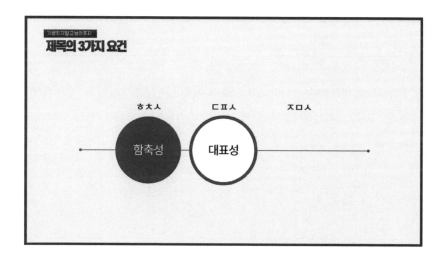

네. 바로 대표성입니다. 보고서를 작성한 사람이 강조하는 메시지를 한눈에 알아챌 수 있을 정도로 대표할 수 있는 단어나 문장을 선택해야 합니다.

마지막은 무엇일까요? 생각해볼까요?

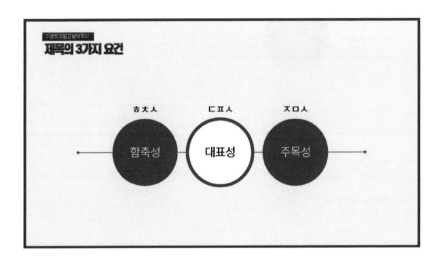

정확하게 맞추셨습니다. 마지막은 주목성입니다.

3개의 요건을 보면 특별한 설명이 없어도 당연히 제목이 가지고 있어야 할 요건으로 생각이 드시나요? 그런데 우리가 실제로 제목을 작성할 때는 저런 요건들보다 더 신경 쓰는 것이 있습니다. (중략)

1페이지에서 간단한 원형으로 제목의 3가지 요건에 대한 도식화를 하였습니다. 텍스트만 쓰는 것보다 원형 위에 텍스트를 올려서 학습자들이 집중할 수 있도록 장치를 마련하였고 애니메이션으로 학습자들과 호흡하면서 하나씩 개념을 설명하는 형식을 적용했습니다.

그러면 여러 페이지에 걸쳐서 도식화를 연결할 때는 어떻게 해야 할까요? 이것만 떠올리시면 됩니다. **축소와 확대.**

학습자가 자연스럽게 강의 내용을 이해하려면 여러 페이지에 걸쳐서 만든 도식화가 무엇을 말하고 있는지 정확하게 인식하고 있어야 합니다. 그리고 나서 교수자는 학습자가 도식화의 세부 모습들을 바라보도록 해줘야 합니다. 학습자의 머릿속에 밑그림을 그려주지 않고 여러 페이지로 나누어져 있는 도식화 흐름을 보여주면 전달 내용이 무엇인지를 학습자가 놓칠 가능성이 있습니다. 교수자는 가장 먼저 축소화된 도식화를 통해 전체 모형을 보여주면서 강의 내용을 전달합니다. 학습자의 머릿속에 내용에 대한 밑그림을 그리게 한 뒤 세부 내용을 확대된 도식화와 함께 전달합니다. 여기서 중요한 것은 **확대를 해야 하는 도식화의 세부 부분들이 많다면 중간에 다시 한번 축소된 도식화를 보여줌으로써** 학습자가 강의 흐름에 길을 잃지 않도록 해줘야 합니다.

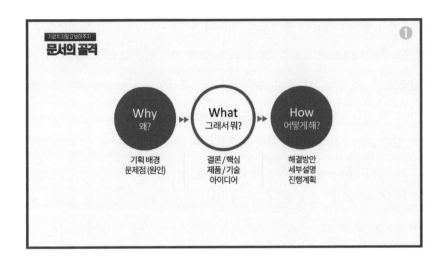

실제 활용되고 있는 강의안을 살펴보겠습니다.

해당 페이지는 비즈니스 문서를 작성할 때 Why, What, How로 문서의 골격을 세우면 상대방에게 정확한 정보를 전달 가능한 논리성을 확보다는 내용을 담고 있습니다. 문서의 골격요소인 3가지를 원형에 담아서 정리하고 있으며 각 원형의 하단에는 각 요소의 중요 키워드를 적었습니다. 학습자에게 처음에는 문서 골격의 도식화를 축소화여 한 번에 보여주고 다음 페이지부터는 확대하여 각 요소를 중점적으로 보여줄 수 있습니다.

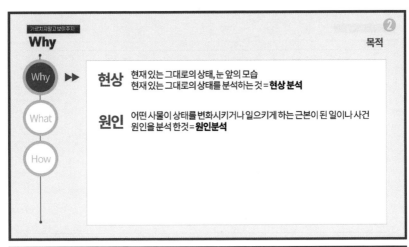

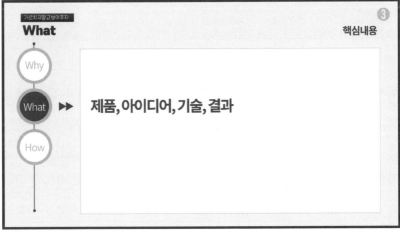

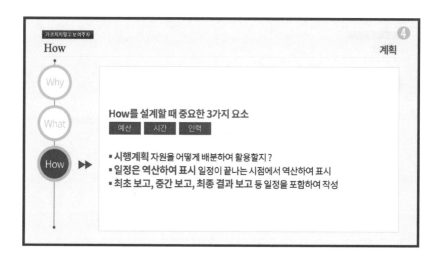

　교수자가 세부 요소들을 설명하다 보면 학습자는 금방 전체 그림을 놓칠 가능성이 있습니다. 그러므로 세부 페이지마다 작은 원형으로 네비게이션 역할을 하도록 하면 학습자가 계속해서 집중할 수 있습니다. 확대해서 보여주었다면 꼭 한 번은 전체 그림을 축소해서 다시 보여주는 것이 학습자가 학습내용을 오랫동안 기억하는 데 도움이 됩니다. 축소된 페이지를 따로 만들 필요 없이 처음 보여주었던 페이지를 다시 한번 간략하게 설명해 준다면 학습자가 학습내용을 이해하고 기억할 수 있는 기회를 충분히 줄 수 있게 됩니다.

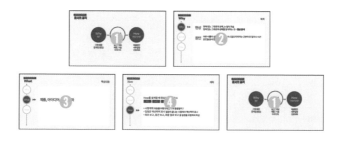

교수자는 다양한 도형으로 도식화를 만들어 강의 내용을 전달할 수 있습니다. 그런데 동일한 도형을 반복적으로 사용해서 도식화하면 학습자는 어떤 부분이 중요하고 중요하지 않은지 알기 힘듭니다. 텍스트 강조와 마찬가지로 도식화도 강조를 통해 시각적으로 더 중요한 것을 구분할 수 있습니다. 교수자가 도식화에 사용되는 도형 서식의 일관성을 비틀면, 학습자는 변화가 있는 도형에 눈이 먼저 가게 됩니다. 도형 서식의 일관성 비틀기는 3가지 방법을 적용할 수 있습니다.

도형 서식 변화 방법 3가지

- 도형 색상 변화
- 선 굵기와 색상 변화
- 도형 크기 변화

먼저 도형의 색상 변화를 통해 학습자에게 강조를 할 수 있습니다.

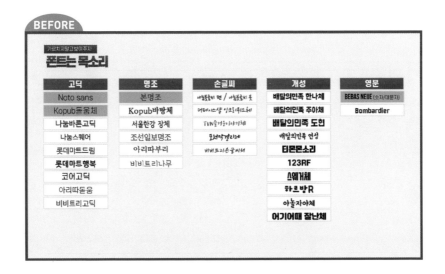

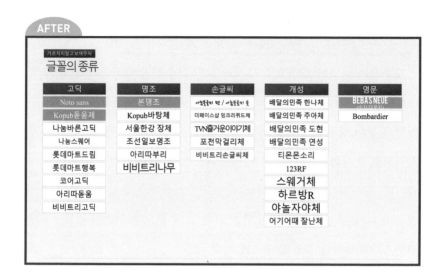

　해당 슬라이드는 다양한 글꼴의 종류를 소개합니다. 교수자는 고딕류, 명조류, 손글씨류, 복고풍류, 영문으로 도형으로 나누어 표현했습니다. 여기에 교수자가 추천하고 싶은 특정 글꼴명에 색상(청록색)을 넣어주면, 학습자는 그 사각형에 집중하게 됩니다. 눈에 띄는 색을 넣어서 변화를 주고, 일관성을 비틀 수도 있습니다.

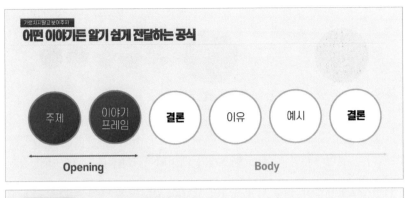

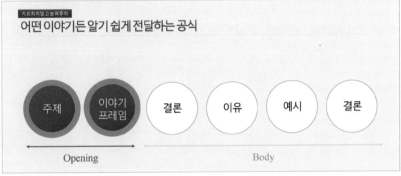

이 슬라이드는 이야기를 알기 쉽게 전달하는 공식에 관한 것입니다. 공식은 크게 Opening과 Body로 나누어지는데 Opening을 먼저 학습자에게 설명하려고 합니다. 학습자가 Opening 부분에 집중할 수 있도록 Body 영역은 연한 회색을 넣어 힘을 뺏습니다. Opening 영역을 더 강조하기 위해 원형의 테두리를 Body보다 더 굵게 설정할 수도 있습니다.

도형의 색상, 테두리 색상, 굵기에 변화를 주는 것 외에 도형의 크기를 다르게 하여 변화를 줄 수도 있습니다. 이번에는 도형의 크기를 다르게 하여 강약을 표현해 볼까요?

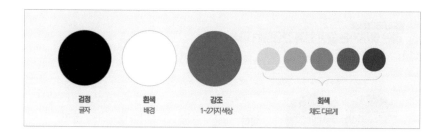

| 검정 | 흰색 | 강조 | 회색 |
| 글자 | 배경 | 1~2가지색상 | 채도 다르게 |

커다란 원형 3개와 작은 도형 5개가 배치되어 있습니다. 교수자가 강의 내용을 전개하면서 우선 왼쪽 3개의 원형을 설명하고 나서 오른쪽 5개 원형을 설명합니다. 만약에 동일한 크기의 원형으로 되어 있다면 학습자는 어디서 강의 내용이 먼저 전개되는지를 알 수 없으며 어떤 부분이 더 중요한지 판단하기 어렵습니다.

TIP 04 예제실습: 7문제

여러분이 실습할 수 있는 7개의 예제를 준비했습니다. 실습을 하실 때 유의해야 할 점은 [실습의 내용 그 자체]보다 [내용이 어떤 구조로 형성되어 있는가]를 중점적으로 봐야 한다는 것입니다. 그리고 제시 답안에 나오는 도형의 색상, 선 등의 서식은 정해진 것이 아니므로 자신만의 스타일로 적용해 보시면 됩니다. 도식화를 보시고 본인의 강의교안에 맞추어서 활용해 보세요.

비즈니스를 하면서 다른 경제 주체들과 관계를 맺는 경우가 많습니다. 바로 파트너십이라고 하는데요. 규모의 경제를 최적화하고 리스크를 감소하기도 하며 다양한 자원을 확보하기 위해 전략적으로 파트너십을 선택합니다.

규모의 경제를 위해서는 비용 절감이나 인프라 공유를 하며 리스크 감소를 위해서는 전략적인 기술이나 서비스를 제휴합니다. 비즈니스에 필요한 모든 자원을 가지고 있는 비즈니스 주체는 없으므로 아웃소싱과 같은 형태로 외부 자원을 확보하여 비즈니스를 수행하기도 합니다.

힌트 파트너십을 위해 고려하는 요소들이 몇 개 있는지 확인해 보세요.

가이드 및 제시 답안

Step 1 핵심 키워드로 분해하기

비즈니스를 하면서 다른 경제 주체들과 관계를 맺는 경우가 많습니다. 바로 **파트너십**이라고 하는데요. ① **규모의 경제**를 최적화하고 ② **리스크를 감소**하기도 하며 다양한 ③ **자원을 확보**하기 위해 전략적으로 파트너십을 선택합니다.

규모의 경제를 위해서는 비용 절감이나 인프라 공유를 하며 리스크 감소를 위해서는 전략적인 기술이나 서비스를 제휴합니다. 비즈니스에 필요한 모든 자원을 가지고 있는 비즈니스 주체는 없으므로 아웃소싱과 같은 형태로 외부 자원을 확보하여 비즈니스를 수행하기도 합니다.

비즈니스 수행을 위해 파트너십을 가지는 이유는 ① 규모의 경제, ② 리스크 감소, ③ 자원 확보입니다. 이유에 관한 3개의 키워드는 파트너십을 중심으로 각각 연결되어 있습니다. 두 번째 단락에서는 각 키워드에 대해서 간단하게 설명을 하고 있습니다.

도형으로 변환한 핵심 키워드를 연결하기

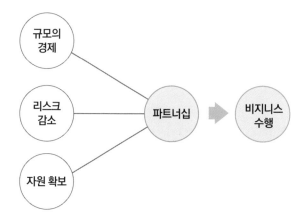

　교수자가 설명하는 순서대로 보면, 비즈니스 수행에서 파트너십을 맺는 경우가 많은데 그 이유는 [3개의 파트너십 키워드에 해당한다]는 내용입니다. 하지만 도식화를 만들 때는 학습자들의 기준으로 거꾸로 표현할 수도 있습니다. 교수자의 설명은 큰 개념에서 작은 개념으로 가지만 강의교안은 작은 개념에서 큰 개념으로 표현하는 것입니다. 학습자는 듣는 것과 보는 것의 차이를 느끼게 되고 낯선 느낌에 더 집중할 수 있습니다.

　교수자는 파트너십의 3개 키워드에 대해서 간단하게 설명합니다. 도식화에 단어 중심의 개념만 보여주는 것으로는 학습자들이 이해하기 어려울 수 있으므로 상세 내용을 키워드 옆에 추가합니다.

규모의 경제 = 비용 절감이나 인프라 공유

리스크 감소 = 전략적인 기술이나 서비스를 제휴

자원 확보 = 아웃소싱과 같은 형태로 외부 자원을 확보

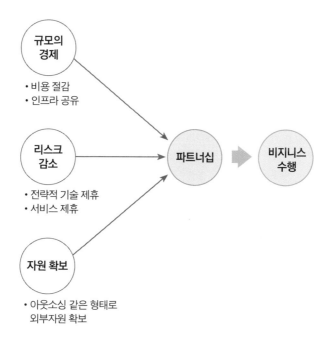

상세 내용을 추가할 때는 도형과 텍스트를 정렬합니다. 도식화가 정렬이 되어 있지 않으면 학습자는 내용에 집중하기 보다 삐뚠 도형과 텍스트의 위치에 눈길이 가게 됩니다.

광고는 기업이 소비자에게 서비스나 재화를 제공할 수 있게 하는 최고의 수입원입니다. 최근 많은 기업 혹은 콘텐츠 개발자들이 유튜브 영상을 소비자에게 제공하고 광고 수입을 받고 있습니다. 이런 형태는 과거의 유료 콘텐츠만 제작하여 판매하던 것과는 많이 달라졌습니다.

이런 수익 모델은 사실 오프라인에서 먼저 시작되었는데요. 스톡홀름에서 시작하여 전 세계 곳곳에서 볼 수 있는 '메트로'라는 신문이 대표적입니다. 참고로, 한국에는 2002년부터 서비스가 제공되었습니다. 메트로가 급격하게 성장하게 된 이유는 3가지로 볼 수 있습니다. 먼저, 무료로 신문을 제공했습니다. 그리고 교통량이 많은 대중교통 중심지에 손님들이 알아서 가져갈 수 있도록 해서 그들에게 자율성을 부여했습니다. 마지막으로 지면을 짧은 이동시간 동안 볼 수 있을 만큼 대폭 줄임으로써 인쇄 비용의 절감을 실현시켰습니다.

이렇게 많은 사람들이 신문을 볼 수 있도록 유인한 메트로는 광고주들에게 지면의 일부를 광고를 실을 수 있도록 하여 수익을 창출하였습니다.

힌트 주 내용과 예시를 구분하여 주 내용의 의미를 도출해 보세요.

가이드 및 제시 답안

Step 1 핵심 키워드로 분해하여 도형에 넣기

교수자는 최근 유튜브의 확대로 사람들이 인식하게 된 광고 기반 무료 콘텐츠 개념이 사실상 과거 오프라인 비즈니스 모델부터 시작되어 지속적으로 변화하고 있음을 말하고 있습니다. 과거 오프라인 비즈니스 모델이 변화한 사례로 지하철 조간신문 메트로를 언급하고 있습니다.

우선, 핵심 키워드를 추출하여 도형으로 표현하겠습니다.

과거에는 콘텐츠가 대부분 유료로 제공되고 있어서 소비자는 재화를 주고 구매해서 콘텐츠를 소비하였습니다. 그런데 점차 광고 기반의 무료 콘텐츠 제공으로 비즈니스 모델이 변화하고 있습니다.

과거에는 유료 콘텐츠를 판매: 2개의 키워드를 그룹으로 묶어서 사각형
으로 표현

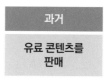

현재는 광고기반 무료 콘텐츠 제공: 2개의 키워드를 그룹으로 묶어서
사각형으로 표현

비즈니스 모델 변화: 변화에 대한 의미를 화살표와 삼각형으로 표현

Step 2 도형으로 변환한 핵심 키워드를 연결하기

비즈니스 모델 변화는 시간의 흐름을 내포하고 있기 때문에 화살표를
넣어서 과거와 현재를 잇는 형태로 만들었습니다.

대표적인 오프라인 사례인 메트로에서 비즈니스 모델 변화가 어떻게 진행되었는지 3가지 요인을 도출하고 있습니다.

메트로 사례

❶ 무료 신문 제공

❷ 대중 교통 중심지 신문 배포

❸ 인쇄 비용 절감(지면 축소)

3가지 요인은 비즈니스 모델 변화의 구체적 사례에 관한 것이므로 화살표 하단에 배치시키면 됩니다.

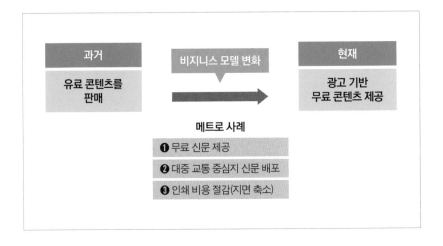

요즘 픽토그램이나 고화질의 이미지를 온라인 사이트에서 무료로 받기 쉽습니다. 이런 사이트들은 모든 콘텐츠를 무료로 제공하는 것은 아니며 일정 횟수를 넘는 경우나 프리미엄 콘텐츠를 유료로 제공하고 있습니다. 그렇기 때문에 대부분의 온라인 콘텐츠 비즈니스는 대다수의 무료 이용 소비자와 소수의 유료 이용 소비자로 구성되어 있습니다. 온라인의 특성상 무료로 제공하는 서비스의 비용이 낮기 때문에 지속이 가능한데요. 이런 비즈니스 구조와 정반대로 이루어진 비즈니스도 있습니다. 대다수의 고객이 정기적으로 돈을 지불하지만 소수만이 거액의 돈을 받는 보험 비즈니스입니다. 낮은 확률의 미래 사고로부터 자신의 보호하기 위해 정기적으로 보험료를 지출하고 있지만 실제 사고를 당해서 보험료를 받는 사람은 소수에 불과합니다. 자동차 보험의 경우 지출한 돈을 못 받는 고객도 많습니다. 이런 비즈니스가 가능한 것은 고객이 언제든지 혜택을 받을 수 있으며 지출한 것보다 더 많이 받을 수 있기 때문입니다.

하지만 명심해야 할 것은 2개의 비즈니스 모두 많은 소비자를 확보할 때 더 많은 비즈니스 기회를 창출한다는 것입니다. 공짜 서비스로 사람들을 모으거나 실제로 돈을 받을 때는 지출한 돈 보다 많이 받을 수 있다는 공짜 심리를 활용하는 것 중에 여러분의 비즈니스는 어디에 적합할까요?

힌트 비교나 대조의 대상을 구분해보세요.

가이드 및 제시 답안

Step 1 **핵심 키워드로 분해하여 도형에 넣기**

교수자는 2개의 비즈니스를 소개하면서 학습자에게 어떤 비즈니스 모델이 적합한지 물어보고 있습니다. 무료 콘텐츠와 프리미엄 콘텐츠를 구분하여 수익을 창출하는 온라인 콘텐츠 비즈니스와 모든 고객으로부터 수익을 창출하지만 특정 사건으로 많은 비용을 지급하는 보험 비즈니스를 대조한 다음 공통점을 도출하고 있습니다.

온라인 콘텐츠 비즈니스는 무료와 프리미엄 콘텐츠 서비스를 제공: 2개

의 키워드를 그룹으로 묶어서 사각형으로 표현

온라인 콘텐츠 비지니스

**무료 + 프리미엄
콘텐츠 서비스 제공**

보험 비즈니스는 고객에게 받은 것보다 더 적게 혹은 더 많이 지급하는 서비스 제공: 2개의 키워드를 그룹으로 묶어서 사각형으로 표현

보험 비지니스

**고객에게 받은 것 보다
더 적게 혹은 더 많이
지급하는 서비스 제공**

결론은 최대한 많은 소비자를 확보한 비즈니스가 더 많은 기회를 창출: 2개의 키워드를 그룹으로 묶어서 사각형으로 표현

결론

**최대한 더 많은 소비자를
확보한 비즈니스가
더 많은 기회를 창출**

대조 표현: 주로 서로 등을 돌린 형태의 삼각형을 배치하거나 쌍방향 화살표 사용

온라인 콘텐츠 비즈니스, 보험 비즈니스를 대조하는 것을 먼저 연결하겠습니다.

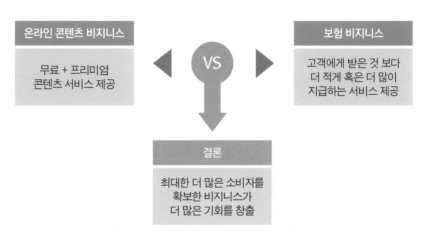

교수자가 내리는 최종 결론은 온라인 콘텐츠 비즈니스와 보험 비즈니스로부터 도출하는 것이므로 2개의 키워드 사이에서 화살표로 연결하면 됩니다. 화살표의 방향은 위로 향해도 되고 아래로 향해도 상관없습니다.

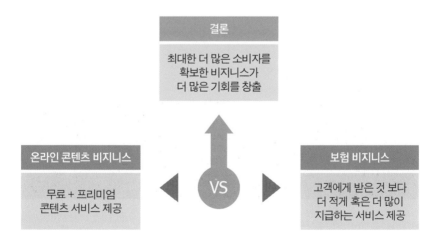

그런데 결론은 온라인 콘텐츠 비즈니스와 보험 비즈니스의 유사점으로 부터 도출한 것이므로 도형 중에 조합의 의미를 가지고 있는 원형을 넣어서 전체적인 연결을 완성하였습니다.

실제 강의교안 사례

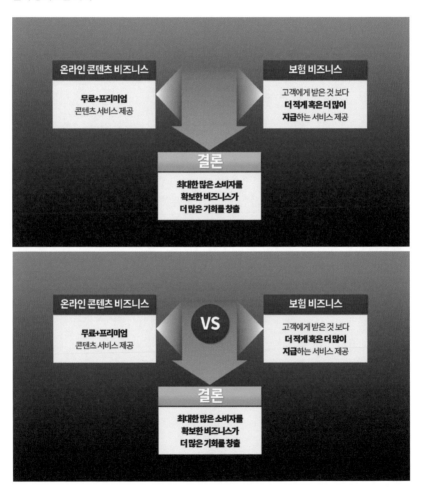

1차 산업혁명은 1784년에 증기기관 혁명으로 시작되었습니다. 수많은 기계들이 생산되었지만 최종 생산을 관리하고 통제하는 역할은 사람이 맡았습니다. 2차 산업혁명은 1870년 전기를 활용한 대량생산으로 촉발되었습니다. 이 시기 역시 생산관리는 사람이 맡았습니다. 그래서 기계가 사람의 일자리를 대체한다는 이야기가 많았지만 실제로는 일자리 창출이 엄청나게 많이 되었습니다. 3차 산업혁명은 무엇으로 시작되었나요?

네. 맞습니다. 1969년부터 컴퓨터와 인터넷 기반의 지식 정보의 확산으로 시작되었습니다. 이때도 컴퓨터가 사람들의 일자리를 차지한다고 보았지만 아직까지 생산을 통제하는 역할은 사람이 맡고 있어 일자리 소멸 보다 창출이 더 많이 생겼습니다.

마지막 4차 산업혁명은 현재 일 수도 있고 멀지 않은 미래라고 정할 수도 있을 것 같습니다. 사물인터넷 및 인공지능 기반의 초연결 사회를 말합니다. 그런데 여기서 중요한 것은 기존에 생산을 관리하던 주체가 사람에서 기계로 변화하는 시기라는 것입니다. 즉, 일자리가 줄어들 가능성이 매우 높다는 이야기인 것이죠.

힌트 연도의 변화에 따른 단계적 변화를 표현해 보세요.

가이드 및 제시 답안

Step 1 핵심 키워드로 분해하여 도형에 넣기

교수자는 1차 산업혁명부터 4차 산업혁명까지 생산관리 주체 변화가 어떻게 되었는지 말하고 있습니다. 각 산업혁명 시기 별로 키워드를 묶어 보겠습니다.

1차 산업혁명 - 1784년 - 증기기관 혁명 - 생산 관리/통제 주체 = 사람

2차 산업혁명 - 1870년 - 전기 활용 대량생산 - 생산 관리/통제 주체 = 사람

3차 산업혁명 - 1969년 - 컴퓨터와 인터넷 기반의 지식 정보 확산 - 생산 관리/통제 주체 = 사람

4차 산업혁명 - 현재 혹은 멀지 않은 미래 - 사물인터넷 및 인공지능 기반의 초연결 사회 - 생산 관리/통제 주체 = 기계

산업혁명은 실제로는 1차부터 4차까지 점진적으로 이어져 왔습니다. 하지만 우리는 각 단계별로 산업혁명을 구분해서 특징을 부여하고 있습니다. 이렇게 구조화된 경우 화면의 좌측 아래에서 우측 위로 각 도형을 배치하면 학습자는 자연스럽게 단계적으로 구분된다는 것을 인식합니다. 도형은 원형, 사각형 모두 괜찮지만 각 산업혁명 별로 상세정보를 3개씩 추가해야 하는 경우 사각형을 사용하는 것이 좋습니다. 사각형의 아래 텍스트를 입력하면 정렬하기 쉽고 보는 사람도 안정감을 느낄 수 있습니다.

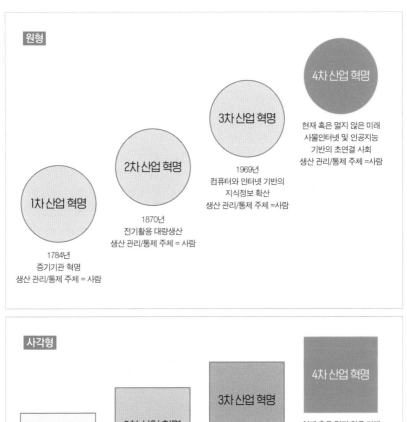

도형과 텍스트를 함께 표현해야 할 때는 사람들마다 차이는 있겠지만

사각형을 조금 더 선택하는 경향이 있습니다.

단계를 표현하는데 사각형들 사이가 비어 있으니 뭔가 아쉬운 느낌이 듭니다. 단계를 거꾸로 말하면 계단이 되죠? **단계 표현을 할 때는 계단 형식으로 하면 학습자들이 직관적으로 학습 내용을 이해할 수 있습니다.**

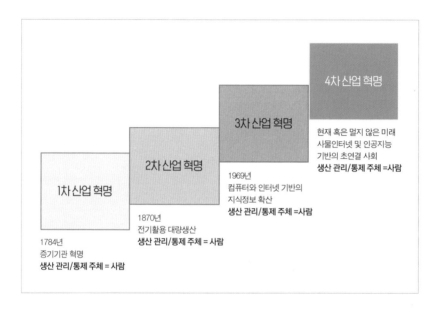

도식화를 표현할 때 쉽고 단순하게 만드는 것이 학습자들의 이해를 돕습니다. 사각형 보다 더 단순한 것이 바로 선입니다. 선으로 계단 모양을 만들면 훨씬 단순하고 직관적입니다.

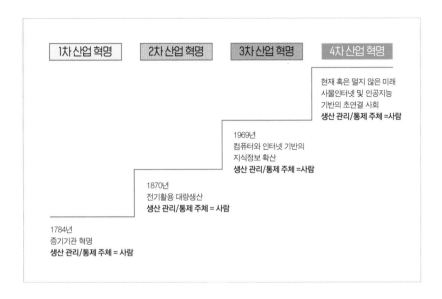

감기 걸렸을 때 가장 좋은 약은 휴식입니다. 병원에 가면 감기가 일주일 만에 낫고 집에서 쉬면 7일 만에 낫는다는 이야기도 있죠. 그런데 우리는 일 때문에, 공부 때문에 혹은 놀아야 하기 때문에 휴식을 취하지 못하는 경우도 있습니다. 그런 여러분을 위해 감기 회복을 위하여 시도할 수 있는 세계 6개국의 최고 민간요법을 소개해드립니다.

한국은 고춧가루를 넣어서 칼칼한 콩나물국이 좋다고 하고요. 차로는 대추차나 생강차를 드시면 회복에 좋습니다. 스페인 사람들은 마늘을 넣은 허브티를 마십니다. 마늘과 허브의 향균작용이 면역력을 향상시켜준다고 합니다. 프랑스에서는 그 유명한 뱅쇼Van chaud를 마신다고 합니다. 과일과 레드와인을 끓인 건데요. 몸을 이완시키고 이뇨작용을 활발하게 해서 감기에 좋다고 합니다. 술로 감기 회복을 시도하는 국가가 또 있는데요. 바로 이탈리아입니다. 이탈리아에서는 그라파(술)에 꿀을 넣은 꿀 그라파를 따뜻하게 마신다고 합니다. 인구가 많은 이웃 나라 중국은 어떨까요? 여러 민간요법 중에서 파뿌리 차를 즐겨 마신다고 합니다. 해열에 도움을 주고 땀을 억제해서 체온조절에 쉽다고 합니다. 마지막으로 미국을 볼까요? 미국은 들어보신 분이 많으실 것 같은데요. 바로 치킨 수프입니다. 할머니가 해주는 영양만점의 치킨 수프를 먹고 싶다는 대사를 영화에서 많이 보셨을 것 같은데요. 각 나라마다 다양한 민간요법들이 있지만 명심해야 할 것은 휴식, 또 휴식이 가장 좋다는 것입니다.

힌트 키워드의 개수에 맞추어 도형을 선택해 보세요.

가이드 및 제시 답안

Step 1 핵심 키워드로 분해하여 도형에 넣기

환절기 때마다 감기에 꼭 걸리는 사람이 있습니다. 평소에 몸에 좋다는 영양제를 먹어도 통과의례처럼 피할 수 없는 일이라고 여겨지는 경우도 많습니다. 감기에 걸리면 대부분이 병원에 가서 감기약을 처방받지만 여러 음식을 먹으면서 빨리 낫기를 시도하는 경우도 많습니다. 교수자는 그런 분들을 위해 세계 6개국의 민간요법을 알려주고 있습니다.

교수자는 강의를 하면서 다양한 개념을 설명하고, 여러 가지 예시를 보여주거나 특정 개념이 가진 몇 가지 요소들을 함께 알려줘야 하는 경우가 많습니다. 예시와 같이, 6개를 보여주는 경우는 육각형으로 만들면 간단하게 정렬을 할 수 있는 도식화를 만들 수 있습니다.

우선, 키워드를 정리해 보겠습니다.

한국 - 고춧가루 듬뿍 넣은 콩나물국, 대추차, 생강차

스페인 - 마늘을 넣은 허브티

프랑스 - 과일과 레드와인을 함께 끓은 뱅쇼

이탈리아 - 그라파라는 술에 꿀을 넣은 꿀 그라파

중국 - 파뿌리차

미국 - 치킨수프

간단한 내용이기 때문에 많은 교수자는 텍스트를 위와 같이 슬라이드에 넣고 끝내는 경우가 많습니다. 학습자 입장에서 생각해 보면 텍스트로만 보여지는 강의교안을 보고 오랫동안 기억하기 어려울 수 있습니다. 귀로 교수자의 강의를 들으면서 눈으로 강의교안을 봐야 하는데 교수자가 말하는 것보다 눈으로 텍스트를 빨리 읽고 학습활동을 끝내는 경우가 많기 때문입니다. 교수자가 설명하는 부분에 학습자들이 계속해서 집중할 수 있도록 도식화에 장치를 마련해 보겠습니다.

우선 예시 개수에 맞춰서 육각형 텍스트를 넣고 도식화를 육각형 형태로 배치합니다.

참고로 만약에 한국, 스페인, 프랑스, 이탈리아 4개국의 사례로 만든다고 하면 사각형에 텍스트를 넣고 사각형 형태로 도식화를 만들면 됩니다.

그렇다면 한국, 스페인, 프랑스 3개국의 사례로 만든다고 하면 어떻게 해야 될까요? 삼각형에 텍스트를 넣고 삼각형 형태로 도식화를 쉽게 보여 줄 수 있습니다.

육각형 바로 옆에 나라별 상세 민간요법 사례를 넣으면 너무 답답한 느낌이 들 수 있습니다. 이럴 때는 실선을 텍스트와 연결해서 조금 거리를 주는 방법을 사용하면 시원한 공간감을 학습자에게 줄 수 있습니다.

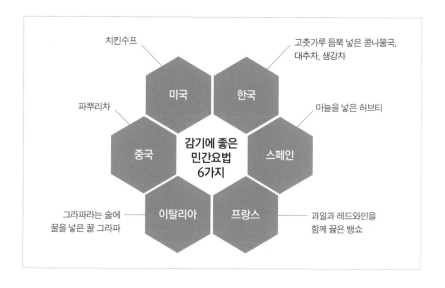

교수자가 한국부터 미국까지 순서대로 설명을 할 때 학습자가 각 사례에 집중할 수 있도록 색상의 위치 변화로 강조할 수 있습니다.

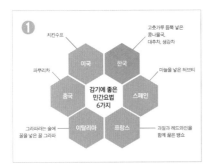

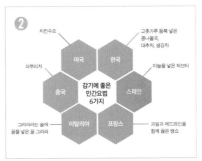

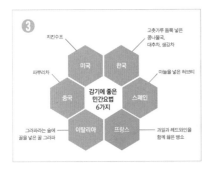

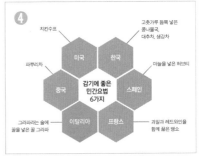

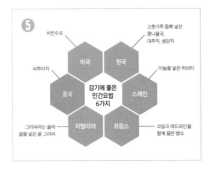

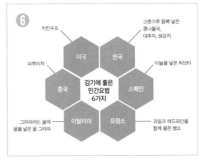

비즈니스 문서의 골격은 상황에 따라 다르겠지만 일반적으로 문서작성의 원인이나 목적을 담고 있는 배경을 먼저 작성합니다. 배경 다음에는 여러 사항을 기술하거나 특정 이슈를 제기하는데 제시한 사항이나 이슈를 구체적으로 쪼개어 세부 설명, 작동원리, 해결방안, 진행 계획 등을 전개해 나갈 수 있습니다. 다시 간단하게 정리하면, 왜, 뭐, 어떻게 순서대로 비즈니스 문서 작성를 작성합니다.

힌트 차례대로 진행되는 절차가 있다면 그 순서가 어떻게 되는지 정리해 보세요.

Step 1 핵심 키워드로 분해하여 도형에 넣기

교수자가 비즈니스 문서를 만들 때의 순서를 설명하고 있습니다. 핵심 키워드는 왜, 뭐, 어떻게로 총 3개이며 각 키워드마다 추가 설명이 들어갑니다.

3개의 키워드는 원형이나 사각형에 차례대로 넣어주면 됩니다. 여기서 중요한 것은 각 키워드가 순서대로 진행된다고 설명하고 있으므로 절차나 순서를 표현할 수 있는 화살표를 함께 넣어줍니다.

도형에 텍스트를 바로 입력할 수도 있지만 텍스트 위에 별도로 표시할 수도 있습니다.

도형으로 변환한 핵심 키워드를 연결하기

원형 밑에 텍스트를 바로 입력하면 정돈된 느낌을 줄 수 있도록 정렬하기가 어려울 수 있습니다. 이럴 때는 사각형에 텍스트를 넣고 실선으로 원형과 이어주면 쉽게 정렬할 수 있습니다.

교수자의 설명에 따라 학습자를 집중시키기 위해서는 설명하는 부분만 색상으로 강조하는 형태로 가면 됩니다. 하지만 전체 설명을 한 번에 보여 줄 때는 강조 색상을 제거하는 것이 한눈에 들어옵니다.

예제 7. 논리적 사고 도구: 공통 요인 찾아내기

보고서를 작성하기 위해서는 기본적으로 논리적 사고를 해야 합니다. 그런데 아무런 준비도 없이 이슈에 대해 논리적 사고를 할 수 있는 사람은 없습니다. 지금까지 논리적 사고를 할 수 있도록 도와주는 도구들이 많이 나와 있는데요. 논리적 사고 도구 3가지인 로직 트리, 매트릭스, 프로세스를 알아보겠습니다.

실제로 만들어 보니 어떤가요? 3가지 도구 모두 MECE(상호배타적/전체포괄)가 꼭 필요합니다. 어떤 사항을 중복과 누락 없이 파악해야 우리는 논리적 사고 도구를 효과적으로 사용할 수 있습니다.

힌트 3가지 논리적 사고 도구의 공통점을 찾아보세요.

Step 1 **핵심 키워드로 분해하여 도형에 넣기**

교수자가 논리적 사고 도구 중 로직트리, 매트릭스, 프로세스 3가지를 설명하고 학습자들과 함께 실습하고 있습니다. 원형에 각 키워드를 입력합니다.

교수자가 로직트리, 매트릭스, 프로세스가 논리적 사고 도구로 효과적으로 작동하기 위해서는 필요한 공통점으로 MECE가 필요하다고 말하고 있습니다. 따라서 3개의 원형을 모두 겹쳐지도록 배치하고 겹쳐진 부분에 MECE만 넣으면 완성됩니다.

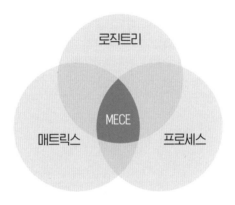

만약에 MECE에 대해서 언급하지 않고 논리적 사고 도구 3개를 소개하는 것으로 끝난다면 원형 3개를 겹치는 것이 아니라 떨어트려 놓으면 됩니다. 다만, 3개의 도구가 논리적 사고 도구로 묶여 있으므로 선으로 연결해 주면 됩니다.

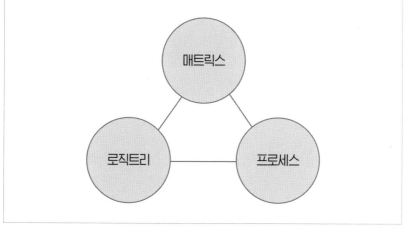

교수자는 가지고 있는 지식과 정보를 제공하고
학습자는 주의를 기울여서 의미를 이해하고 기억하게 됩니다.
정보는 주로 언어적인 형태로 전달됩니다. 교수자는 여기에 비언어적 방법을 추가해서
학습자들의 집중과 이해도를 높일 수 있습니다.

▶ CHAPTER 03 ◀

말하지 않아도
한눈에 보이는 것,
비언어

교수자는 가지고 있는 지식과 정보를 제공하고 학습자는 주의를 기울여서 의미를 이해하고 기억하게 됩니다. 정보는 주로 언어적인 형태로 전달됩니다. 교수자는 여기에 비언어적 방법을 추가해서 학습자들의 집중과 이해도를 높일 수 있습니다. 특히, 교수자 1명과 다수의 학습자를 대상으로 하는 학습 커뮤니케이션에서 교수자의 비언어 커뮤니케이션 역량은 무엇보다 중요합니다. 학습자가 교수자의 목소리를 듣고 강의교안을 보는 것에만 그치는 것이 아니라 교수자의 비언어적 표현으로 학습의 질을 향상시킬 수 있도록 도와줘야 합니다. 학습자는 듣는 것보다 보는 것을 더 신뢰합니다.

교수자의 비언어 커뮤니케이션에는 어떤 것들이 있을까요?

- 몸짓언어^{Body language}
- 의사언어^{Paralanguage}
- 공간언어^{Proxemics}

몸짓언어는 교수자의 신체 움직임과 관련되어 있습니다. 강의가 시작될 때의 첫인사, 학습자에게 향하는 고개 끄덕임, 얼굴 표정, 눈 맞춤, 제스처, 자세와 관련되어 있습니다. 학습자는 몸짓언어로부터 교수자의 첫인상을 느끼는 경우가 대부분이며 교수자의 활동성을 판단하는 기준이 됩니다. **의사언어는 목소리를 사용할 때의 특성으로 말의 속도, 크기, 음질 등을 말합니다.** 교수자가 말하는 내용의 느낌이나 감정을 학습자에게 정확하게 전달할 때 중요한 역할을 합니다. **공간언어는 교수자가 사용하는 공간을 말하는 것으로 학습자와의 물리적인 거리를 의미하기도 합니다.**

교수자는 이러한 비언어 커뮤니케이션으로 학습내용을 정확하게 전달하는 것이 아니라 학습자에게 긍정적인 느낌을 주고 몰입을 할 수 있도록 해야 합니다. 교수자의 역할은 학습자에게 학습내용을 100% 전달하는 것이 아닙니다. 학습자가 학습과정에서 느끼는 여러 감정들을 의도적으로 유도하여 학습내용을 정확하게 이해하게 하고 학습 이후에도 학습한 내용을 적용할 수 있도록 동기부여를 하게 만들어야 합니다. 그렇게 하기 위해서 비언어 커뮤니케이션으로 학습자가 교수자에게 긍정적인 느낌을 받고 감정적으로 유대관계를 형성할 수 있도록 하는 것이죠.

TIP 01 몸짓언어 Body language

몸짓언어는 학습자에게 긍정적인 느낌뿐만 아니라 부정적인 느낌을 줄 가능성도 있습니다. 교수자의 몸짓언어 강도에 따라 부담감을 느끼는 학습자도 있을 수 있기 때문입니다. 동일한 몸짓언어라도 학습자가 소속된 조직문화나 성장환경에 따라 의미를 다르게 받아들일 수 있으므로 학습이 시작되기 전에 몸짓언어를 어느 정도로 해야 할지 파악하는 것이 좋습니다.

얼굴 표정

얼굴 표정은 매우 중요한 몸짓언어 수단입니다. 교수자가 학습자들에게 느끼는 감정이나 컨디션과 관련된 정보들이 바로 표현될 수 있기 때문에 항상 조심해야 합니다. 특히, 학습자가 교수자에게 가지는 첫인상과 가장 연관되어 있으므로 항상 밝은 표정을 유지하는 것이 좋습니다. 교수자가 강의 진행 중에 얼굴로 표현하는 것은 감정 그 자체뿐만 아니라 감정의 정도를 드러내는 경우가 많습니다. 교수자가 학습자들과 적극적으로 커뮤니케이션을 하겠다는 의지를 보여준다면 학습자들은 교수자의 얼굴을 쳐다볼 가능성이 높아집니다. 물론, 상황에 맞추어서 얼굴 표정을 다양하게 가지는 것이 좋습니다. 전체적으로 **밝은 표정을 유지하되 강의 내용에 따라서 여러 가지 표현을 조절하는 것이 중요합니다.** 밝은 표정을 유지하는 것은 미소를 머금는 것이라고 생각하시면 됩니다. 치아가 보일 정도로 환한 미소를 짓는 것은 의외로 학습자가 부담스러워하거나 교수자의 저의를 왜곡할 수 있으므로 입꼬리가 살짝 올라가는 정도를 유지하면 됩니다.

얼굴 표정에 큰 부분을 차지하는 눈빛도 중요합니다. 교수자가 학습자의 눈을 보면 강의 내용을 이해하고 있는지를 알 수 있는 것처럼 학습자 또한 교수자의 눈을 보면 어떤 생각을 가지고 강의를 하는지 알 수 있습니다. 교수자는 가까운 사람과 이야기하듯 학습자와 자연스럽게 눈을 맞추어야 합니다. 서로의 눈빛이 익숙해지면 교수자는 학습자와 별도의 말을 하지 않아도 이해하지 못하는 부분이 어디에 있는지를 바로 확인할 수 있습니다.

그렇다면 어떤 표정을 지을 때 학습자들에게 부정적인 효과를 줄 수 있을까요?

입을 꽉 다물거나 코를 찡그리면 그것을 바라보는 학습자는 불안감을 가질 수 있습니다. 또한 학습자가 질문을 하거나 강의 중에 소란을 피운 경우에 시선을 쳐다보지 않고 고개를 돌리는 행동은 확실한 의미를 주게 됩니다. 교수자의 마음에 들지 않는다고 화가 나거나 우울해지는 표정이 나온다면 학습자와 감정적인 교류를 실패하게 됩니다. 학습자가 교수자의 기분 상태와 처해진 환경을 알 수 없도록 교수자는 표정을 조절하는 연습을 꾸준히 해야 합니다. 얼굴 표정을 지을 때 가장 중요한 것은 강의 내용과 일치해야 한다는 것입니다.

몸짓

요즘에는 교수자가 일방적으로 강의 내용을 전달하는 주입식 학습법보다는 학습자가 적극적으로 학습에 참여하고 그 내용을 발표하거나 공유하는 참여식 학습법이 더 많이 이루어집니다. 그래서 교육 만족도가 높은 강의일수록 학습자가 고개를 끄덕이는 횟수보다 교수자가 고개를 끄덕이는 횟수가 높은 경우가 많습니다. 교수자는 학습자가 토의나 토론을 할 때 고개를 끄덕이면서 경청의 자세를 보여줘야 합니다. 사실 얼굴 표정과 시선이 계속해서 바뀔 때 머리의 움직임도 함께 변화합니다. 학습자에게 머리 움직임이 향한다면 신뢰나 긍정의 의미를 줄 수 있지만 반대로 고개를 좌우로 돌리거나 한쪽으로 기울인다면 의심이나 거절의 의미를 주게 됩니다. 학습자에게 잘못된 의미를 전달하지 않도록 교수자의 긍정적인 태도, 말한 내용에 대한 지지를 보여줄 수 있도록 머리를 좌우 보다 위아래 방향으로 움직여야 합니다.

몸짓 중 가장 많이 사용하는 신체부위는 손과 팔입니다. 교수자는 자신의 목소리에 맞추어 팔 전체를 사용하여 움직이는데 우리는 이러한 것들을 제스처라고 부릅니다. 제스처는 사람이라면 누구나 자연스럽게 만들어 냅니다. 억지로 움직임을 제한하지 않는 한 말하는 내용에 맞추어 손과 팔이 움직이게 되는데 어색하거나 서툰 제스처는 학습자의 신뢰를 떨어트리게 됩니다. 그렇다면 교수자가 어떤 제스처를 할 때 학습자에게 도움이 될 수 있을까요?

손바닥을 보여주는 것은 일상생활에서 자주 볼 수 있습니다. 기상 캐스터가 지역과 날씨를 화면에서 가리킬 때 손바닥을 보여주면서 가리킵니다. 하지도 않은 일을 했다고 억울하게 지목 당했을 때도 우리는 팔을 벌리면서 손바닥을 보여줍니다. 상대방에게 '나의 말이 사실이다'는 감정을 강조하고 싶을 때 손바닥을 사용하는 것입니다. 교수자는 학습 내용을 전달하면서 강조하고 싶은 부분이 있을 때 팔을 벌리고 손바닥을 보여주세요. 팔을 벌린다는 행위는 [열린다]는 개방감을 표현하므로 손바닥을 함께 보여주면 효과를 증가시킬 수 있습니다. 교수자의 제스처를 보고 학습자는 신뢰를 느끼고 학습내용에 귀 기울일 수 있습니다. 손바닥을 보여주는 것과 비슷한 효과를 내는 제스처도 있습니다. **가슴에 한 손을 올리는 행동입니다.** 애국가를 부르거나 맹세를 할 때 오른손을 왼쪽 가슴에 올리는 것을 떠올리시면 됩니다. 교수자가 진심을 보여주고 싶은 순간 가슴에 손을 올리면 학습자는 시각적으로 교수자의 마음을 느끼게 됩니다. 특히, 학습자의 상황이나 심리상태를 잘 이해하고 있다는 표현을 하고 싶을 때 적합합니다.

　　교수자가 피해야 할 대표적인 제스처는 팔짱을 끼고 있는 것입니다. 무의식적으로 말을 하면서 팔짱을 끼는 경우가 있습니다. 교수자도 사람이기 때문에 새로운 환경과 낯선 사람들 앞에서 무의식적으로 두려움을 느낄 수 있습니다. 의도하지 않았는데 몸이 먼저 반응하였다면 반드시 팔짱을 다시 풀어줘야 합니다. 학습자는 팔짱을 낀 교수자를 보면 감정적으로 연결하기 어려움을 느끼고 심리적으로 부정적인 느낌을 받기 쉽습니다.

자세

    낯선 사람에게 친밀감을 느끼는 것은 누구에게나 어려운 일입니다. 사람들의 행동에 따라 친밀감을 느끼는 속도가 현저하게 차이가 나기도 합니다. 금방 친해지는 경우를 살펴보면 그들만의 특별한 자세가 보입니다.

    새로운 사람을 만날 때 쉽게 친밀감을 느끼는 경우에는 열린 자세를 보이는 것을 확인할 수 있습니다. 그 반대로 친밀감을 느끼기 어려운 경우는 닫힌 자세를 보이고 있습니다. 열린 자세의 기본은 양팔을 벌려서 상대방을 환영한다는 듯한 자세로 가슴 정면을 절대 가리지 않는 것입니다. 닫힌 자세는 팔짱을 끼거나 한 손으로 반대편 어깨를 잡는 것과 같이 가슴 정면을 가리는 것입니다. 교수자 입장에서 닫힌 자세는 심리적으로 더 위안이 되지만 학습자 입장에서는 답답하고 거리감을 느끼게 됩니다.

    교수자가 만드는 자세 하나 하나가 학습자와의 심리적 교류 여부를 결정할 수 있을 정도의 중요한 몸짓입니다. 평소에 학습자 앞에서 어떤 자세로 강의를 하고 있는지 한번 생각해 보세요. 열린 자세로 강의를 하고 있지만 책상이나 연탁 뒤에서 하는 것은 닫힌 자세와 다르지 않습니다. 학습자에게 열린 마음으로 다가가면 학습자들은 적극적인 피드백과 호응을 해줄 것입니다.

TIP 02 의사언어 Paralanguage

상대방의 목소리만 듣고 기분과 생각을 짐작할 수 있었던 경험이 모두 있을 겁니다. 우리는 목소리에 다양한 감정과 느낌을 실을 수 있습니다. 의사언어는 빠르거나 느린, 높거나 낮은, 부드럽거나 거칠게 표현하여 상대방과 커뮤니케이션을 하는 것입니다. 강의는 혼잣말하는 것처럼 일정한 톤과 성량으로 말하는 것이 아닙니다. 교수자는 중요한 부분을 강조하고 학습자가 기억할 수 있도록 다양한 톤과 성량을 사용하며 때로는 천천히 말하기도 하고 필요한 경우에는 빠르게 말하기도 합니다. 이렇게 의사언어는 교수자의 목소리 변화로 학습자의 주의를 집중시키는데 유용한 방법입니다. 많은 사람들은 교수자의 발음이 중요하다고 말합니다. 하지만 모든 강사가 아나운서처럼 발음할 필요는 없습니다. 학습자가 교수자의 발음으로 학습을 할 수 있는 최소한의 조건만 충족되면 됩니다. 우수한 교수자가 신경 쓰는 것은 발음 보다 목소리에 담긴 감정과 느낌입니다.

교수자가 전달하는 학습 내용 중에 단어나 문장을 강조하는 경우를 말합니다. 감정의 정도를 표현할 때 중요하게 생각하는 부분은 힘을 주어 강하게 말하게 되는데 학습자는 자연스럽게 중요도를 느낄 수 있습니다. 표준어에 비해 지방의 사투리에서는 전달되는 강세의 위치가 다른 경우가 많습니다. 그런 경우 교수자는 학습자들이 의미를 왜곡하지 않도록 힘을 주는 부분을 의도적으로 조절하는 노력이 필요합니다.

크기

교수자의 목소리는 기본적으로 강의실의 면적과 학습자와의 거리에 따라 크기가 달라집니다. 작은 목소리와 큰 목소리를 자유롭게 조절할 수 있어야 중요한 부분과 덜 중요한 부분을 구분할 수 있습니다. 특히, 분위기 전환이 필요할 때 목소리의 크기를 조절하는 것은 매우 유용한데 만약 교수자의 목소리가 일정한 크기로 지속될 경우 학습자는 금방 지루해하거나 피곤해 할 수 있습니다. 강의계획을 수립할 때 학습자들의 집중력이 떨어지는 상황을 대비해서 언제 목소리의 크기를 키워서 말할 것인지 정해 보세요.

속도

학습자는 교수자의 말 속도를 통해 상대방이 현재 어떤 심리 상태인지를 파악할 수 있습니다. 교수자는 사람마다 다를 수는 있지만 1분에 약 200개 이상의 단어를 말합니다. 사람들이 일상적인 대화를 할 때 1분에 약 120개에서 180개 정도를 말하는 것에 비하면 조금 빠르다고 볼 수 있습니다. 그 이유는 교수자가 강의를 할 때는 일방향의 커뮤니케이션을 많이 하기 때문인데 그런 경우 학습자는 교수자의 말이 빠르다는 느낌을 받지는 않습니다. 그런데 교수자가 일상적인 대화할 때의 2배에 가까운 속도로 말을 하게 되면 학습자는 직관적으로 교수자가 긴장을 하고 있다고 생각을 할 수 있습니다. **학습자에게 안정감과 신뢰감을 주기 위해서는 적절한 말의 속도로 강의를 해야 합니다.** 충분한 강의 준비로 여유로운 느낌을 학습자에게 주세요. 학습자에게 너무 빠르게 말을 하게 되면 부정적인 인식을 생기게 할 가능성이 매우 높습니다.

멈춤

교수자는 말을 하다가 잠깐 멈출 때가 있습니다. **의식적으로 말이 끊기게 되면 학습자는 변화된 상황에 따라 자연스럽게 교수자에게 집중하게 됩니다.** 중요한 단어, 구, 절, 문장 사이에 잠깐의 멈춤은 강의 내용을 강조하는데 그리고 학습자들이 현재 강의 내용을 제대로 따라오고 있는지를 확인하기 위해서 강의를 멈추고 그들의 눈빛을 바라보세요. 교수자가 말을 멈추면 학습자의 심리상태가 그들의 눈으로 드러나게 됩니다.

교수자와 학습자와의 거리가 가까울수록 학습자는 교수자에게 집중하게 됩니다. 거리가 가까우면 서로 시선 접촉을 많이 할 수밖에 없으며 교수자의 질문을 많이 받게 됩니다. 여기서 교수자가 명심해야 할 것은 공간언어는 교수자의 시선과 밀접한 연관이 있다는 것입니다. 강의실의 좁고 넓음은 물리적인 공간 크기가 아니라 **교수자의 시선**과 **학습자의 시선**이 얼마만큼 서로 닿을 수 있는지에 따라 결정이 됩니다.

학습자 수에 비해 물리적으로 넓은 강의장에서 강의를 해야 한다면 교수자는 적극적으로 학습자에게 다가가야 합니다. 교수자와 학습자 간 서로 시선 접촉이 되지 않으면 학습자는 집중을 잃기 쉬우며 교수자가 자신에게 관심이 없다고 생각할 수도 있습니다. 반대로 학습자 수에 비해 물리적으로 좁은 강의장에서 강의를 해야 한다면 교수자는 움직임은 최소화하고, 학습자와 시선 접촉을 더욱 많이 해야 합니다. 좁은 공간에서 교수자의 움직임이 너무 크고 활발하면 학습자는 다소 번잡한 느낌이 들 수 있습니다.

실제로 공간언어는 학습자의 지위, 성별, 연령, 태도, 물리적인 학습환경, 강의주제, 친밀도 등 다양한 요인에 의해 결정됩니다. 하지만 교수자 입장에서 고민할 것은 학습자와의 거리가 물리적 거리처럼 정해진 것이 아니라 상대적으로 변동된다는 것입니다. 교수자의 노력 여부에 따라서 친한 친구와의 거리처럼 밀접하게 가까워질 수도 있고 공적인 거리처럼 서로 일정한 거리를 유지할 수도 있습니다. 몇 미터가 적절한 거리인지는 그 상황에 따라 다르기 때문에 정확하게 얼마라고 말할 수가 없습니다. 그렇기 때문에 교수자는 강의가 시작되면 초반 10분 안에 학습자와의 거리를 어느 정도로 유지해야 학습자에게 가장 효과적일지를 결정해야 합니다. 학습자들의 학습상태가 준비되어 있고 강의 초반에 집중을 잘 하고 있다면 학습자와의 거리를 빨리 좁힌다고 하더라도 아무런 문제가 없습니다. 그에 반면 학습자들이 강의에 집중하지 못하고 산만하거나 반응이 없는 경우에는 학습자와의 거리를 천천히 좁혀가야 합니다. 교수자와 학습자가 친밀할수록 상대적인 거리가 빨리 좁혀지게 됩니다.

VISUAL AIDS

툴킷은 포스트잇 외 그 종류가 매우 다양합니다.
카드를 비롯하여 보드나 현수막 형식도 많이 활용됩니다.
이번 [해보면 더 잘 보이는 것]에서는 실제로 직접 제작하여 활용하고 있는
카드 툴킷의 활용법을 소개하고자 합니다.

▶CHAPTER 04◀
해보면 더
잘 보이는 것,
툴킷

학습자의 집중력을 향상시키고 다양한 아이디어를 발산시키기 위해 학습용 툴킷을 많이 사용합니다. 현장에서 주로 사용하는 것은 포스트잇과 이젤패드로 학습자간 토의나 토론을 하면서 아이디어를 공감, 발산하고 수렴하는 활동을 할 수 있습니다. 툴킷은 포스트잇 외 그 종류가 매우 다양합니다. 카드를 비롯하여 보드나 현수막 형식도 많이 활용됩니다. 이번 [해보면 더 잘 보이는 것]에서는 실제로 직접 제작하여 활용하고 있는 카드 툴킷의 활용법을 소개하고자 합니다.

오프닝과 클로징을 풍부하게 만들기 : 스토리카드

교수자가 강의를 할 때 가장 힘든 시점은 처음과 끝입니다. 특히, 오프닝이 교수자가 의도대로 부드럽게 시작되면 강사는 점차 자신감 있게 강의를 진행할 수 있습니다. 강의의 첫 부분에는 학습자의 흥미를 집중시키거나 학습자와의 관계를 형성하기 위해 시간을 할애하는 경우가 많습니다. 그리고 강의 마지막에는 주로 학습내용을 정리하고, 실천의지를 점검합니다. 스토리카드는 학습자들이 자연스럽게 강의주제에 대해서 생각할 수 있는 기회를 제공하고 자신의 의견을 표현할 수 있도록 시각화한 도구입니다. 다시 말하면, 학습자의 생각을 특정 이미지에 빗대어 이야기하게 돕는 툴킷이 바로 스토리카드입니다.

Step 1 질문 던지기

교수자는 학습자들에게 스토리카드로 표현할 주제를 질문 형식으로 알려주고 스토리카드로 표현하는 것의 예시를 들어 알려줍니다. 학습자들간 스토리카드로 자신의 의견을 말하고 나면 꼭 격려의 박수를 칠 수 있도록 안내합니다. 자신의 의견을 말하고 나서 다른 학습자들이 아무런 반응을 하지 않으면 오히려 분위기가 저하될 수 있습니다. 강의를 시작할 때 스토리카드를 사용한다면 학습에 대한 기대나 학습자가 느끼는 현재 상태를 물어봅니다. 강의를 마무리할 때 스토리카드를 사용한다면 전체 학습에 대한 소감이나 학습 내용을 기반으로 앞으로 어떻게 실천해 나갈 것인지 물어봅니다.

Step 2 스토리카드 펼치고 선택하기

학습자들이 책상 위에 스토리카드를 무작위로 펼치도록 합니다. 사진을 선택하는 데 있어서 많은 고민을 하기 보다 직관적으로 떠오른 생각이나 느낌이 반영될 수 있는 사진을 고를 수 있도록 안내합니다. 조별마다 스토리카드를 선택하는데 걸리는 시간이 다를 수 있으므로 적절하게 선택을 촉

진합니다. 이때 학습자들은 다양한 사진을 보면서 자신의 아이디어를 발산하고 최종적으로 사진을 선택하며 아이디어를 수렴할 수 있게 됩니다.

Step 3 1분 스피치(팀별 최대 10명)

학습자는 팀원에게 스토리카드를 보여주며 자신의 생각을 이야기 합니다. 이때 학습자 당 말할 수 있는 시간은 최대 1분을 부여합니다. 소극적인 학습자를 독려하여 능동적이고 활기찬 분위기를 조성합니다. 학습자마다 말하기가 끝나면 박수를 함께 칠 수 있도록 옆에서 보조를 맞추어 줍니다.

각 팀을 돌아다니면서 수집한 정보들을 기반으로 학습자들의 생각을 공유할 수 있는 시간을 가지면서 이번 강의의 목표나 방향성을 교수자가 비교하여 말합니다. 강의에 들어오기 전까지 별다른 생각을 하지 않았더라도 카드를 고르고 설명 하면서 학습 내용에 대해 스스로 생각할 수 있는 시간을 가질 수 있습니다. 그렇기 때문에 스토리카드를 사용하면서 학습자들이 최종적으로 얻어 갔으면 하는 것을 교수자와 학습자 간에 조율해보는 시간을 가질 수 있습니다.

학습자가 직접 카드 배치해보기 : 학습 효과성 피라미드 카드

교수자가 모든 내용을 알려주고 학습자는 수동적으로 학습내용을 이해하며 암기하는 방법은 학습의 효과성 측면에서 나쁜 선택입니다. 물론, 학습자가 단순 암기를 필요로 하는 경우도 있지만 문제는 콘텐츠에 상관없이 교수자 주도의 학습방법을 선택하는 경우가 많다는 것입니다. [미국 NTL 연구기관의 학습 효과성 피라미드]를 보면 학습자를 위해서 어떤 학습방법을 선택해야 하는지를 쉽게 알 수 있습니다.

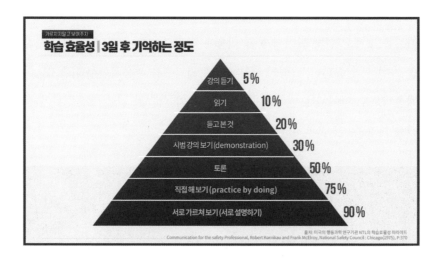

학습 효과성 피라미드 카드는 주로 강사과정 즉, 강의를 필요로 하는 분들인 사내강사나 기존 기업강사 대상으로 사용하고 있습니다. 학습 효과성 피라미드를 보면, 학습자에게 가장 비효율적인 방법은 단순히 강의를 듣거나 읽는 것입니다. 효율적인 방법이라고 볼 수 있는 피라미드 아래쪽 학습방법으로 갈수록 한 가지 공통점을 찾을 수 있습니다. 그것은 **학습자가 무언가를 해보는 것**입니다. 학습 효과성 피라미드에서 직접 해보는 것이 가장 효율적이라는 것을 이해하기 위해 사용하는 툴킷이 바로 학습 효율성 피라미드 카드입니다.

질문 던지기

학습자에게 학습 효과성 피라미드에 대해 간략히 소개합니다. 학습자에게 가장 효율적인 방법이라고 생각되는 것을 아래쪽으로, 그렇지 않은 것을 위쪽으로 피라미드의 빈칸을 채워보라고 합니다.

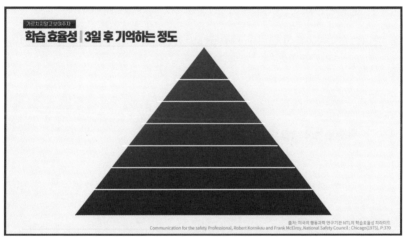

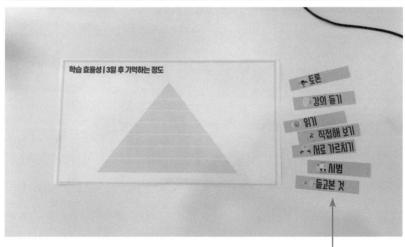

이 카드를 왼쪽 피라미드에 배치해봅니다.

Step 2 배치하고 비교하기(개인 혹은 팀별)

학습자가 각 단계별로 빈칸을 채우기 위해서 고민하고 있을 때 교수자는 적절한 힌트를 제공합니다. 개인별로 카드를 배치하는 것이라면 배치가 끝나고 다른 학습자들과 비교하며 배치를 수정할 시간을 줍니다. 팀별로 카드를 배치한다면 팀별 최종 카드 배치 순서를 다른 팀과 비교할 수 있도록 합니다. (학습자들이 인터넷에서 정답을 확인하지 못하도록 사전에 당부의 말을 꼭 합니다.)

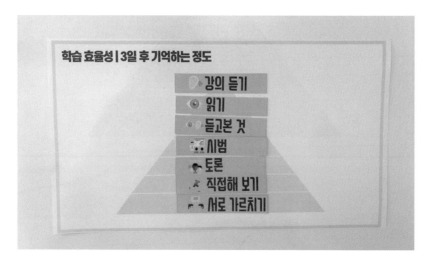

Step3 피드백하기

먼저 3일 후 기억하는 정도 %를 공개합니다. 그리고 나서 위에서부터 하나씩 공개합니다. 교수자는 단순히 정답을 공개하고 설명하는 것이 아니라 학습자들에게 정답이 나올 때까지 피드백을 제공 합니다. 학습자들이 생각하는 정답이 맞는 경우에는 바로 설명을 하고, 오답이 나오면 정답이 나올 수 있도록 힌트를 제공합니다. 힌트를 통해 학습자들이 정답을 찾아갈 수 있도록 차근차근 진행합니다. 처음 생각한 것과 정답의 일치 여부, 다르게 생각했던 점들을 학습자들끼리 공유할 수 있도록 시간을 제공합니다. 마지막으로 교수자는 파워포인트의 애니메이션 기능을 활용해 정답을 차례대로 쉽게 보여줍니다.

학습자가 직접 행동하게 하기: 제스처 카드

교수자는 학습자가 적극적으로 학습에 참여할 때 힘을 얻습니다. 그런데 많은 학습자가 방관하는 태도로 학습에 임하게 되면 교수자는 분위기를 살리기 위해 많은 노력을 기울이게 됩니다. 교수자가 평소보다 더 많은 움직임과 높은 목소리 톤으로 학습 분위기를 조성하려고 노력하다 보면 자신만의 페이스를 잃어버리는 경우도 종종 있습니다. 어떻게 하면 학습자가 적극적으로 참여하게 만들 수 있을까요?

프레젠테이션 과정에서 학습자들에게 비언어 표현의 중요성을 설명하고, 제스처를 시범으로 보여주고 같이 하자고 하면 절반도 따라 하지 않는 경우가 더 많습니다. 학습자들이 적극적으로 제스처를 해볼 수 있도록 직접 제스처 카드를 만들어서 툴킷으로 활용해보았습니다. 제스처카드에는 제스처를 표현할 수 있는 문장이 적혀 있을 뿐 어떻게 제스처를 해야 하는지는 알려주지 않습니다. 스스로 제스처를 해보도록 독려하고 팀이나 조 단위로 서로 비교하게 합니다. 마지막으로 교수자가 적절한 제스처를 알려줍니다. 각 문장마다 어떤 제스처가 적합한지 학습자들을 궁금하게 만들 수 있다면 굉장히 활발한 학습이 일어납니다.

Step 1 카드 펼치고 문장 살펴보기

학습자는 제스처 카드를 책상 위에 펼치고 큰 소리로 카드의 문장을 읽습니다. 문장마다 학습자 스스로 생각하기에 문장에 잘 어울리는 제스처를 자연스럽게 행동하도록 합니다.

제스처로 표현할 수 있는 문장 40개가 적힌 카드입니다.

카드를 모두 뒤집어 둡니다.

돌아가며 한명씩 칸를 선택하고, 그 문장을 적절한 제스처와 함께 소리내어 말합니다.

Step 2 제스처 비교하기

학습자들끼리 서로 생각하는 제스처를
비교합니다. 전체 제스처 중에서 의견 수
렴이 가장 힘들거나 정말 정하기 어려운
제스처 카드를 최대 3개 선정합니다.

Step 3 피드백하기

학습자들이 고른 어려운 제스처 3가지를 중심으로 피드백을 합니다. 실
수하거나 헷갈려 하는 부분을 중점적으로 제스처를 설명해줍니다.

나오는 글

교수자로서 시각화 능력 향상을 위한 조언

첫째, 우리가 학습자와 나누고 싶은 학습콘텐츠는 대부분 눈에 보이지 않는 무형의 것이 많습니다. 그렇기에 그 개념을 전달하고, 학습자가 이해하도록 돕는 일이 쉽지 않습니다. 보이지 않는 구조, 관계, 형상, 이미지를 꺼내 보여줄 수 있도록 한번 더 생각하고, 고민해주세요. 최선을 다해 꺼내 보여주도록 함께 노력합시다!

둘째, 〈가르치지말고 보여주자〉에서 안내한 레이아웃, 글꼴, 색상, 이미지, 픽토그램, 도식화, 이 6가지 강의교안 디자인 기본법칙을 믿고, 최대한 적용해보세요. 이 법칙이 익숙하고 잘 지켜질때는 제가 안내한 룰을 깨고, 새로운 시도를 해보셔도 좋습니다. 나만의 스타일로 재해석하고, 응용하는 것은 기본이 탄탄할 때, 제대로 빛을 발합니다.

셋째, 웹사이트나 포스터, 광고, 카드뉴스, 인포그래픽, TV뉴스 등을 보면서 좋은 시각화(디자인)의 사례를 스크랩 해보세요. 우리 주변의 모든 디자인에서 강의교안 디자인의 힌트를 얻을 수 있습니다. 나만의 디자인 레퍼런스 폴더를 하나 만들고, 차곡차곡 모아보세요. 아이디어가 떠오르지 않아 막막한 순간에 다시 열어보면, 큰 영감을 줄 것입니다.

〈가르치지말고 보여주자〉를 통해 시각적 전달력이 향상된 교수자로 거듭나시길 진심으로 응원합니다.

참고문헌

김건동 (2015) 정량적 정보디자인에 있어서 사진과 벡터그래픽기반 정보 시각화 방식에 대한 사용자 유형별 설득효과

박혜진 (2017) 효율적인 인포그래픽 디자인을 위한 정보 시각화 체계와 표현 특성 연구, 브랜드디자인학연구

신다혜, 김동호 (2018) 창의성 증진을 위한 인포그래픽 STEAM교육 프로그램 개발

신형성,유상욱역 (2000) 시각심리학,서울시그마프레스

엄태수, 유진형 (2012) 착시현상에 기초한 공간디자인의 구축성에 관한 연구 −게슈탈트 형태인지 심리학을 중심으로

최은희, 이진호 (2012) 텍스트의 시각화를 위한 수업 지도방안

황혜정 (1995), 게슈탈트(형태) 관점에서의 문제 해결과 통찰력, 교육개발 Robert.L.Solso

100%